# 理科で考える
# 自然災害

藤岡達也 ［編著］

東洋館
出版社

# はじめに

　有史以来，日本列島では自然災害が繰り返し発生し，その対応が日本の独自性をつくってきたと言える。「日本人を日本人にしたのは実は学校でも文部省でもなくて，神代から今日まで根気よく続けられて来たこの災難教育であったかもしれない」（「災難雑考」寺田寅彦，1935）は痛感するところである。現在の学校においても自然災害から子どもや教員を守るために，防災・減災に関する取組を無視するわけにはいかない。

　しかし，教員も防災を含む学校安全のための教育の重要性は理解しつつ，多忙な教育活動の中では，どの時間を活用して，いつ，どのように実施すればよいか戸惑いがある。そもそも，変動帯に位置し，温帯モンスーンに属する日本列島で生活していながらも，高校地学の履修率を見る限り，多くの人たちにとって，日本列島の地史や自然現象は十分に学ばれてきたとは言い難い。防災・減災のためには，まず，災害につながる自然現象を理解することから始まる。ここに理科教育の大切な役割がある。

　VUCA の時代に必要な資質・能力の育成に向けて，全てを学校や教育課程の中だけで対応するには限界を超えている。近年の教育振興基本計画の中でも，自らが社会の創り手となり，課題解決などを通じて，持続可能な社会を維持・発展させ，社会課題の解決を経済成長と結び付けてイノベーションにつなげる取組，Society5.0 で活躍する，主体性，リーダーシップ，創造力，課題発見・解決力，論理的思考力，表現力，チームワークなどを備えた人材の育成が挙げられている。ただ，その具体的な方法は確立されているとは言えず，本書では，理科を核とした自然災害に関する教育活動に期待したい。

　読者の皆様が，本書を通して自然と人間，人間と人間（社会）との関わり，つながりを考え，科学技術と社会との相互関連を踏まえながら，持続可能な社会の担い手となってもらえることを願っている。

　なお，カバーにはデザイン上 DISASTER EDUCATION と記載されているが，英文でのコンセプトは Science Education for Disaster Risk Reduction であることを断っておく。

2024（令和6）年9月　　藤岡達也

**もくじ** 理科で考える自然災害

■ はじめに …… 1

## 第1章 自然災害を理科教材として取り扱う
―その視点と理科教育の動向―

01 頻発する自然災害と VUCA 時代の教育 …… 6

02 防災を通した地域と学校との新たな関係 …… 10

03 自然の二面性の学び
―国立公園・世界遺産・ジオパークなど― …… 14

04 枠組みを超える自然災害教育 …… 18

05 STEM ／ STEAM 教育の観点と自然災害に関する教育 …… 22

06 ICT と防災教育
―プログラミング学習から GIGA スクールまで― …… 26

07 学校安全，危機管理に果たす理科教育の役割 …… 30

08 日本から世界へ発信する BOSAI と国際貢献の在り方 …… 34

COLUMN 01
災害の教訓を伝える地域の石碑                    38

## 第2章 自然現象が自然災害へと変わるとき
―そのメカニズムと事例―

01 地震・津波の発生と災害 …… 40

02 火山噴火のメカニズムと災害 …… 48

**03** 前線・台風による集中豪雨と水害 …… 56

**04** 土石流・地すべり・崖崩れなどの土砂災害 …… 64

**05** 豪雪，雷，竜巻などによる様々な気象災害 …… 72

COLUMN 02
自然災害と学校の悲劇                                              80

## 第3章 | 自然災害を取り扱った授業展開例

### 持続可能な社会を目指した「自然と人間との関わり」の学び …… 82

**01** 小学校中学年 雨水の行方と地面の様子①
流域の概念から水循環について考え，
水の豊かさを知ろう …… 86

**02** 小学校中学年 雨水の行方と地面の様子②
土石流はどのような場所で起こるのか …… 90

**03** 小学校高学年 流れる水の働きと土地の変化①
水害の歴史と治水から
身近な川との付き合い方を考えよう …… 94

**04** 小学校高学年 流れる水の働きと土地の変化②
水害を防ぐための取組を考え，説明しよう …… 98

**05** 小学校高学年 天気の変化①
「伊勢湾台風」についての理解を深め，
台風への備えを考えよう …… 102

**06** 小学校高学年 天気の変化②
風水害から命を守ろう …… 106

**07** 小学校高学年 土地のつくりと変化
液状化現象による土地の変化をモデル実験で観察しよう …… 110

08 **小学校高学年** 生物と環境
自分たちの地域で起こりやすいのは，
どのような自然災害だろうか …… 114

09 **中学校** 火山と地震
火山で生まれた岩石⁉ ―火成岩と火山の関係を追究しよう …… 118

10 **中学校** 自然の恵みと火山災害・地震災害
自然の恵みについて調べ，伝え合おう …… 122

11 **中学校** 身近な地形や地層，岩石の観察
自然景観をつくる岩石の観察を通して，
地殻変動を考えよう …… 126

12 **中学校** 日本の気象
理科の学びを活かして災害を予測し，
自分たちのとるべき行動を考えよう …… 130

13 **中学校** 自然の恵みと気象災害
高潮による災害が発生する仕組みを説明しよう …… 134

14 **中学校** 地域の自然災害
災害が多発する地域の自然の特徴について探究し，
災害への対応を考えよう …… 138

15 **中学校** 自然環境の保全と科学技術の利用
原子力災害等において，
放射線から身を守るための判断力を身に付けよう …… 142

COLUMN 03
発達の段階に応じた防災教育　　　146

■ おわりに …… 147

# 第1章

# 自然災害を
理科教材として
取り扱う

―その視点と理科教育の動向―

# 1 | 頻発する自然災害とVUCA時代の教育

## (1) 自然現象と自然災害

　令和6（2024）年は，年が明けた最初の日に「能登半島地震」が発生した。広域で断水が半年以上も継続し，多くの人が長期間，避難所生活を余儀なくされていることに，国内中の人々が呆然としたり，十分な支援ができないことのもどかしさを感じたりした。

　近年では，「平成23年（2011年）東北地方太平洋沖地震」（東日本大震災）に国内外は大きな衝撃を受けたが，能登半島地震までの間に，「平成28年（2016年）熊本地震」「平成30年北海道胆振東部地震」が発生した。気象庁は地震と同様に，顕著な災害を起こした気象現象の名称も定めることによって，防災関係機関等による災害発生後の応急・復旧活動の円滑化を図り，災害における経験や貴重な教訓を後世に伝承することを意図している。東日本大震災発生以降には，「平成23年7月新潟・福島豪雨」「平成24年7月九州北部豪雨」「平成26年8月豪雨」「平成27年9月関東・東北豪雨」「平成29年7月九州北部豪雨」「平成30年7月豪雨」「令和元年房総半島台風」「令和元年東日本台風」「令和2年7月豪雨」のように名称が定められた。

　VUCA（Volatility；変動性，Uncertainty；不確実性，Complexity；複雑性，Ambiguity；曖昧性）と呼ばれる予測不可能な時代であり，災害を引き起こす自然現象の発生及び社会の混乱についても，想定外である。さらに，火災，原子力災害などの複合災害，直接死を超える関連死者数など，人間生活に与える影響の拡大も予想がつかないことが多い。しかし，地震・津波・噴火・台風・豪雨などは，単なる自然現象に過ぎない。理科教育においては，従来から自然の事物・現象の基礎的な理解や知識・技能の習得が求められてきた。一方で，発生した自然現象の原因などは後日，収集されたデータ解析などによって明確にされることが

6

多いが，最新の科学・技術を用いても予知・予測は容易でない。災害につながる自然現象を取り扱うことが多い地学分野では，他の自然科学分野に比べて，科学の一つの方法とも言える再現が不可能であることが多い。国内最大レベルのコンピュータが気象予測に用いられてきたが，膨大なデータを処理しても限られた短期間での予報以外は，必ずしも正確に予想できたとは言えない。比較的予測しやすい気象現象でさえ，このような状況である。ましてや地震・火山噴火など今後発生する自然現象，地球の歴史の解明は未知のことも多く，現在の科学技術にも限界がある。

## (2) 人間活動を無視できないこれからの理科教育

自然災害という言葉を使うのは，自然現象によって人間が被害を受けた場合に限られる。つまり，地震や津波，火山噴火，豪雨，土砂崩れなどが生じても，周辺地域に人の生活がなかったり，人類の誕生以前であったりすれば，自然現象の域を越えない。そのため，自然災害は，人間や社会に関連した内容であり，自然の事物・現象を取り扱う理科の範疇を越え，社会科や地歴科での取扱いとなってしまう。学習指導要領においても，このことを記した教科間の線引きが見られる。ただ，近年の傾向として，社会科・地歴科としても災害のメカニズムを無視できず，理科もOECD生徒の学習到達度調査以来，日常生活との関わりを扱う重要性から，地理領域と地学領域の区別は難しくなっている。加えて，探究活動が重視されており，理科においての学びには，PDCAサイクルが期待されている。一方で自然現象や災害にはOODAループ（Observe：観察，Orient：情勢への適応，Decide：意思決定，Act：行動）の視点も重要となってくる。

## (3) 自然災害の分類

災害は自然災害と事故災害に大別することができる。自然災害の区分は研究者によっても異なるが，本書では，便宜的に地震・津波災害，火山災害，風水害（気象災害・土砂災害），雪害と分けて紹介する。

また，自然災害は複合的に発生することが多い。例えば，地震によっ
て，土砂災害が発生することもあり，その土砂が河川などに多量に流入
したり，水を堰き止めたりして，洪水などが生じることもある。火山噴
火についても同様であり，火災以外にも爆発的な噴火によって山体崩壊
が起こり，地震と同じように土砂災害が生じたり，洪水による水害が発
生したりして，人間に甚大な被害を与えることも珍しくない。

　自然災害と事故災害が結び付くこともある。地震によって都市部に火
災が発生したり，落雷によって山林が延焼し被害が拡大したりする事例
は国内外でも頻繁に報告されている。関東大震災や兵庫県南部地震など
の近代以降の大規模な地震に伴う大火災によって甚大な被害が発生した
が，明治以前の歴史地震にも大火災の発生が多数記録されている。東北
地方太平洋沖地震では津波によって原子力発電所事故が生じた。

## (4) VUCAの時代に自然災害を学ぶ意義

　自然災害に対する学びの基本となるのは，まず自然現象の理解であり，
そこから自然と人間との関わりについて考えたい。VUCA の時代に理
科で自然災害を学ぶ意義について整理する。

### ①身近な地域の自然景観と自分たちとの関わりの再発見となる

　地域の過去の自然災害を学ぶことは，自然環境を理解することにもつ
ながる。日本列島は，面積の割には南北に細長く，気候区分も冷帯から
亜熱帯まで幅広い。逆に日常では意識することのない山や渓谷，海，河
川・湖など，その成り立ちを学ぶことによって現在の姿から自然の営力
を感じることができ，それが災害となることも実感として理解しやすい。

### ②他地域の災害を自分事として捉える

　災害発生時に自分の居住地や職場周辺にいるとは限らない。そのため
国内の訪問先や滞在先などで生じる可能性の高い自然災害についても
知っておく必要がある。被災地や被災者を他人事とせず，自分たちに置
き換えて考えることによって，自身の災害への対応だけでなく，被災地
に何ができるかということまでを意識する姿勢につながる。

### ③自然の二面性を知り，畏敬・感謝の念を培う

　自然は日常において災害以上の恩恵を人間に与えている。自然は人間に都合よくできているのでなく，恩恵が多い自然現象も状況によっては災害となり，さらに逆の場合もあることを学ぶ必要がある。福島第一原子力発電所事故によって，科学技術にも二面性があることを多くの人は痛感した。ICTなど情報機器の発達が与える影響も同じである。

### ④防災は様々な安全対策や危機管理の基本となる

　防災教育で培われる，危険を予測・判断したり，想定される災害から自分たちを守るために適切な行動を取ったりする力は，他の危機管理においても活かされる。防災教育は，事件・事故などを回避する生活安全や交通安全にもつながる。そのためには日常の避難訓練時に，なぜこの行動を取るのかという科学的な知識や理解を得ることも求められる。

### ⑤先行き不透明な時代に「生きる力」を培う

　「生きる力」の育成を謳った学習指導要領が改訂されるたびに，東日本大震災や新型コロナウイルス感染症等の大きな衝撃が教育界にもたらされた。防災教育では「生きる力」の具現として，「知識及び技能」「思考力，判断力，表現力等」「学びに向かう力，人間性等」まで，今日求められている様々な能力の育成を期待することができる。

### ⑥学校と地域との新たなつながりを考える

　学校や教員は子どもの安全を守るために努力を重ねているが，学校だけでの取組には限界がある。一方，災害時に避難所が開設されるなど，学校は地域にとって物理的にも精神的にも拠り所となることが多い。防災施設など様々な公共機関も含め，ハード面，ソフト面ともに日常からの地域と学校との結び付き，地域からの学びが期待される。

### ⑦自分が社会にどう貢献できるかを考える機会となる

　日本では国民の生命や生活は，法や社会によって守られている。子どもたちも通常では，家庭，地域，学校などから守られている。しかし，災害時に自分はどのようなことで地域や社会に貢献できるのかを考えることも大切である。防災教育ではそれらと積極的に関わる意識も育てたい。

# 2 防災を通した地域と学校との新たな関係

## (1) これからの学びの広がり

　理科教育を中心とした自然災害に関する学びをめぐる環境を考えてみたい。理科教育にも「不易と流行」がある。例えば，「不易」として，「自然の事物・現象」を対象とすること，「観察，実験」などが手法として重要な意味をもつことは述べるまでもない。しかし，学習者にとって，何ができるようになるか，そのために，何を，どのように学ぶか，教師がどう教育活動を展開するかについては，時代の要望に応える必要もある。

　学習指導要領の総則に記されているよ

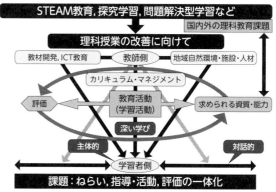

図1　今日の理科教育をめぐる展開

うに，今日，日本の教育を考えるにあたって，世界の動向を無視するわけにはいかなくなっている。その一つに，「TIMSS」や「OECD生徒の学習到達度調査」の結果も踏まえた方向が示されている。諸外国と比較し，明らかになった日本の子どもたちの課題や日本の教育の在り方が分析・検討され，次の時代の教育の指針が立てられる。そして，中央教育審議会の答申となり，新たな学習指導要領が検討されるという流れである。

　一般に教員側の視点に立った学びを展開する場合は「教育活動」，学習者側の視点に立った学びを展開する場合は，「学習活動」と呼ばれる。例えば，「理科教育」「理科学習」の言葉の使い分けはここにあり，「防災教育」「防災学習」なども同じである。

　教員側から学習者側への一方向の学習指導の流れは，日本の教育の伝

統的な方法であった。知識・技能の習得においては重要であり，効率的であったと言える。ただ，学習者にとって教師側からの従来の知識・技能の習得だけでは，先行き不透明な時代に「生きる力」の育成として十分とは言えない。そこで，「総合的な学習の時間」が創設されたとも言え，「総合的な学習の時間」も自然災害とは無関係ではない。兵庫県南部地震が発生した翌1996年の文部省審議会答申「21世紀を展望した我が国の教育の在り方について（第一次答申）」では，「生きる力」として「いかに社会が変化しようと，自分で課題を見つけ，自ら学び，自ら考え，主体的に判断し，行動し，よりよく問題を解決する資質や能力であり，また，自らを律しつつ，他人とともに協調し，他人を思いやる心や感動する心など豊かな人間性であり，そして，また，たくましく生きていくための健康や体力である」と示された。「総合的な学習の時間」は「生きる力」を具現化する方法として期待された。答申では阪神淡路大震災については直接記されていないが，「生きる力」を育む「総合的な学習の時間」と防災教育との関わりにおいて，この震災を無視することはできない。

　VUCAの時代に「生きる力」を育成するためには，教師から子どもへの一方向の教育活動だけでなく，子どもたち同士の学び合いを通して，問題を見いだし，解決に向けて提案し，協力する取組，いわば「新たな知」を創り出す機会を設定することも不可欠となる。そこで，平成29年版学習指導要領が公布される前の答申では，「アクティブ・ラーニング」の重要性が繰り返し強調されていた。ただ，「アクティブ・ラーニング」は人によって捉え方が異なり，法的根拠をもつ「学習指導要領」の記載にはなじまないとして，「主体的・対話的で深い学び」となったことは周知の通りである。ただ，これらは，あくまでも学習の方法であって，教育活動のねらいではない。つまり，現在，子どもたちに身に付けさせたい資質・能力は，現学習指導要領に記載されている「知識及び技能」「思考力，判断力，表現力等」「学びに向かう力，人間性等」であり，そのための方法として「主体的・対話的で深い学び」が求められている。

　学習者に「主体的・対話的で深い学び」を促すのは，教師や学習者間

同士だけではない。地域の様々な自然環境や社会環境，そして数多くの業務に携わる人々である。具体的には，地域の科学館，博物館などの社会教育施設，さらには学芸員やボランティアなど，そこに関わる人たちが挙げられる。理科における教材開発や，1人1台端末などのICT教材を含め，図1の「教師側」の両側，「学習者側」にとっては斜め上方向からの矢印が，それらの関係を意味する。

## (2) 地域での防災・減災，復興教育を通した「生きる力」

1998年に「生きる力」「総合的な学習の時間」が登場した後，2008年・2009年の学習指導要領が公示された時にも，詳細な説明とともに引き続き「生きる力」が記された。しかし，2011年4月，小学校から順に新学習指導要領に則った新たな教育活動が全面実施される直前の3月11日，東北地方を中心に東日本大震災が発生した。さらにその後も，改訂された学習指導要領実施直前の2020年には，各地域とも新型コロナウイルス感染症への対応に追われた。

想定外の自然災害などが頻発する時代を背景として，科学技術が発達し，経済社会が発展しても解決できない問題が山積している。具体策については専門家でも判断が異なり，絶対的な正答のない時代を生きる子どもたちに必要な力が求められている。災害につながる自然現象への理解に力点を置くと，理科の重要性は明確である。

ただ，生じる自然現象は日本列島の中でも違いは大きい。身近な地域に発生する可能性の高い自然災害を取り上げるとしても，日本には海に面した地域もあれば，海の存在しない地域もある。そこでは，津波や高潮については実感がない。また，活火山の存在する地域とそうでない地域も見られる。さらには，台風が毎年直撃する地域もあれば，豪雪などに襲われる地域もある。一般的に学習指導要領は全国画一的に編集されているため，教科書としても列島全体の自然現象を取り上げざるを得ない。その中で，各地で特徴的に発生する，災害につながる自然現象への理解と，それを避けるための適切な判断，行動を促す指導は，学校教育

活動の中では，必ずしも容易とは言えない。

## (3) コミュニティ・スクールでの取組

　近年，各地域においてコミュニティ・スクールが設置され，地域と学校とが連携した自然災害への対応などに様々な取組が展開されている。安全・安心なまちづくりのために，コミュニティ・スクールの活動の一環として，地域の公立中学校と地域とが防災について実践的な取組を行っている例が見られる。この学校では，学校長のリーダーシップの下，地域連携担当教員が学校運営協議会及び学区の自主防災会と連携を図り，様々なイベントを企画し，活動が行われた。生徒・保護者・教職員だけでなく，学区の関係機関や地域の人たちも加わって，防災訓練や避難所体験が実施された。具体的には，学区自主防災会が主催となり，代表生徒が参加し，放水訓練，10 t ダンプ１台分の土を使った土嚢積み，そして，最新消火体験装置を使い，実際に燃える炎に向かっての消火訓練を行うなどの活動である。地域の様々な立場の人が協力することで，内容が充実し，生徒と共に参加した人たちの地域や安全なまちづくりに対する意識が高まったことが報告されている。

　生徒の感想からは，「消防車での放水活動や消火器の使用はとても勇気が必要であり，今回の活動で災害の危険性を見直せたことはとてもいい経験になった」「地域の方とつながれるよい機会だったし，こういう機会を積極的に増やしてもよいと思う」「地域の方に，中学校の皆さんは地域の行事などに参加していて『すごい』と言われてうれしかった」など，体験を通した気付きも多く，地域の方とのつながりを感じることができる貴重な体験になったと担当教員は感想を述べている。中学生になると，自己効力感や自己肯定感などが低くなることもあるだけに，このような機会の設定によって自然現象や災害への意識を高める意義は大きい。コミュニティ・スクールを活用することによって，地域の自然環境，社会環境を理解し，学校教員だけでなく，地域の関係者からも学ぶ教育活動は，まさに図１で示したような実践例であると言える。

# 3 自然の二面性の学び
―― 国立公園・世界遺産・ジオパークなど ――

## (1) 日本列島の自然の美しさと景観に潜む恐ろしさ

　近年，コロナ禍からの回復や円安の影響もあり，海外から多くの観光客が日本を訪れている。日本が観光地として人気が高い理由に，治安のよさ，人々のマナーのよさ，リーズナブルかつ味わいのある料理，日本文化への高い興味・関心などが取り上げられる。しかし，それだけではなく，むしろ，日本の自然景観の豊かさが注目されるポイントである。

　4枚のプレート同士による著しい地殻変動，温帯モンスーンに位置する気候・気象の影響，これらが世界に類のない自然景観をつくり出している。ヨーロッパやアメリカ・中国のような安定大陸とは異なり，変動帯の地形は，狭い範囲で様々な自然を目にすることができる。これが，面積の割には多様な景観が展開されている要因である。

　壮大で神秘的な自然景観から構成される国立公園・国定公園などの自然公園，ジオパーク，世界（自然）遺産などは，地殻変動や火山活動と関係するものが多い。これらが観光資源となっており，大地を基盤として植生や生態系，さらに近隣に立地する建築物など，日本の文化や歴史，伝統と，自然との調和が見られる。

　今日では，そのダイナミックな美しい景観だけでなく，噴火時の恐さがそのまま，観光地として整備している場所もある。例えば，近年に噴火した有珠山や伊豆大島三原山だけでなく，天明3（1783）年に噴火した浅間山の「鬼押出し」もその例である。自然景観の美しさと噴火の凄まじさの両面を訪問者が理解できるように

図1　1783年に噴火した浅間山の「鬼押出し」

なっている。その景観の維持や火山博物館，噴火記念館などの名称をもつ施設などの設置がその例である。

世界ジオパークの洞爺湖有珠山，島原半島（雲仙普賢岳），阿蘇などをはじめとして，火山噴火による被災経験をもち，今後の噴火の可能性も高い地域の火山は，博物館や資料館等で詳しく紹介されている。特にジオパークでは浅間山，伊豆大島，磐梯山，桜島など，近世や近代などに噴火し，その被害が生々しく映像等で記録されているところでは，現地で様子をうかがうことができる。

図2　世界ジオパークの洞爺湖有珠山

## (2) 災害に伴う自然現象との向き合い方

東日本大震災発生後，東北地方太平洋側に立地する沿岸部の学校では，津波の被害から免れるために，地震が発生すると海からすぐに離れることをねらいとした防災教育が実践されていた。命を守るために危険を予測し，迅速に安全な行動が取れるための指導は重要である。しかし，海は常に津波の危険性があること，逃げる場所を意識しておかなければならないこと，そもそも海は恐ろしいものであるというメッセージを子どもたちに与えるのは，必ずしも効果的な教育方法とは言えない。

むしろ，釜石市の東日本大震災前からの津波防災教育で取り組まれていた「『釜石に住むなら津波に備えるのは当たり前』という文化を形成するとともに，『津波はたまに来るけど，釜石はこれほどまでに魅力的な郷土である』という郷土愛を育んでいきたい」という後者の姿勢が重要である。他の自然災害に関する防災教育についても同じと言える。

## (3) 自然の恩恵を知ることからのスタート

自然現象は時に，過酷な自然災害につながる可能性があるのは事実で

あるが，日常的には，それよりも多くの恩恵を人間に与えている。食料資源やエネルギー・鉱物資源から，娯楽・レジャーや自然景観そのものによる観光資源まで，恵みの例は数えきれない。過去には人間の過度な働きかけによって，自然からの予期せぬ反動が生じたことも見られた。そもそも自然は人間に都合よくできているのではなく，中立的なものである。自然災害から身を守るためには，まず自然を理解することが基本となる。それには自然は災害と恩恵の二面性があることも認識しておく必要があり，防災教育の中でもそのような取扱いが求められる。

図3　世界遺産「石見銀山」

図4　別府地獄温泉（大分県）

　自然災害に関する防災教育についても，子どもたちの成長の段階（特に低学年の場合など）によっては，まず自然の素晴らしさ，恩恵を知ることが大切かもしれない。その後，自然のスケールの大きさ，ダイナミクス，人間では予想もつかない長い時間・広い空間の中での働きを知り，自然に対する畏敬の念が育つようにすることも重要である。壮大な景観をつくった自然の営力が人間や生活の場に向けられるとどうなるか，それを考えることができる想像力を育成することも防災教育には必要である。

　同様に，大人にとっても自然を体験することによって，日常的に見られる自然の美しさは，想像もつかない地球の営力からできたことを知ることができる。そこに存在してきた自然の計り知れないエネルギーを理解することが，防災・減災の第一歩であると言える。例えば，スケールの大きな山の景観の形成過程には，地下に働く地殻変動，つまり長時間かけて継続的に隆起を引き起こしただけでなく，近年に繰り返されてき

た地震活動の影響も考えられる。日本列島の基盤をつくる岩体も日本が大陸の一部であった中生代の花こう岩がもとになっている。さらに活断層によって，平野から急に高い山が屏風のように広がっていることもある。火山噴火に

図5　磐梯山と銅沼（あかぬま）

よってできたバランスの整った形態を示す山々や，その火山活動に伴って形成された湖沼すら美しい景観を示す。

　人間の生活の場を作り出した沖積平野も河川の洪水・氾濫によって生じたものである。河川の侵食，運搬，堆積の働きは，水や土砂，植物等の栄養分となる有機物をもたらすことによって肥沃な土地を形成することにもつながった。

　地球表面は7割の海洋に対して，陸地はわずか3割に過ぎない。地表は常に地球内部のエネルギーの影響を受け，先述のように地震などの地殻変動による隆起・沈降，火山活動による地形の変化が生じる。一方，水の循環によって，降雨・降雪が生じ，河川が氾濫・溢水したり，中山間部では，地すべり，土石流，崖崩れが発生したりする。図6は毎年のように台風に襲われ，木々が倒され，土石流が発生した景観であるが，これが屋久島の自然景観をつくっている。

　日本列島において，人々は自然災害が発生しやすい地表面の上で，わずかな安全な場所を求めて生活している。日本で生活することは，四季の恵みや景観の美しさを通して，災害を常に意識しておくということである。

図6　屋久島・白谷雲水峡

# 4 枠組みを超える自然災害教育

## はじめに

　自然災害に関する教育活動を，本書では「理科で」考える。しかし本節では，その「枠組みを超えて」考えたい。第一のポイントは，教科横断的（合科的）な意図的教育という点である。既存の他の教科の学習内容との「つながり」を重視する。学んだことを子どもたちに授業中に意識付けることもあれば，カリキュラム・マネジメントとして計画的に構想し，学校・学年をあげて「総合的な学習の時間」の中で実施することもできる。

　第二のポイントは，地域ネタなど学習指導要領に記載されていない事項を学習内容に据えるという点である。「教科」でない「総合的な学習の時間」がその真価を発揮する場となる。

　第三は，「探究」という視点である。しかし学習指導要領や教科書に示される「探究の方法」を踏襲すればよい，というものではない。外見的な「形式」にとどまらず，突き詰めるものは何か，どこにその源泉があるかという，最も深遠なテーマに迫るポイントである。

　総じて，「自然災害教育」は，他教科との関連や地域に素材を求めて活動「内容」を考えるだけにとどまらず，「探究」など「どのようにして学ぶか」という「方法」を工夫するだけでもなく，指導者側の理科概念の再構築が求められるほど重大な事項である，ということが浮かび上がってくる。

## (1) 教科横断的(合科的)カリキュラム・マネジメント

　自然災害に関連する学習内容は，国語にも社会にも保健にもある。「ESDカレンダー」に代表されるように，学習者の学びのスケジュールにあわせ，効果的に単元等を配置し，学習が深まるように各学習活動を組み立てる。ここでは事例を取り上げる紙面的余裕はないので，本書の

第3章を参照されたい。

トピック（学習内容）としての自然災害は，気象災害には季節感があり，作物・食料を経由して我々の生活まで直結する場合もある。火山現象は，出現頻度は稀にしても，壊滅的な被害を及ぼすこと，自分たちがよって立つ大地の成り立ちを認識させる。理科で主に扱う自然現象の仕組みの理解に収まるものではない。

また，季節や災害規模など，人間がただ受け身になる側面だけではなく，個人が日常的に備えること，社会にどのようなインフラが整備されているかという側面も扱う。さらに，大規模災害発生直後の対処，その後の復旧復興までの大まかな道のりまで扱っておくのもよい。

しかし，マネジメントには弱点がある。それは，把握できる特定の要因を扱い，捉えきれないものは想定外・範疇外でひとまず進み，その後実践を重ねる中で修正していけばよいとする点である。授業を行う側は次年度に向けての改善，申し送り事項とすればよいが，学習者には，その一瞬しか学習の機会がない。マネジメントという経営的・工学的アプローチを，人間の成長が伴う教育活動に応用する上でのこの限界は，我々実践家が最も留意すべき点である。

## (2) 学習指導要領を超える学習内容

「総合的な学習の時間」は「教科」でない（有田 2000：大辻, 2022）。地域ネタなど，ある程度自由に学習内容を構想できる。しかし，逆に大変なのは，カリキュラムの骨子（目的，目標，方法，評価）を理解した上で子どもたちの学びにつなげるよう構想する，という点である。

これまで自然災害教育に関係した仕事の中で，新しい事実や解釈に至ったものを表にまとめた（表1）。

## (3) 「探究」で突き詰めるもの

学習指導要領に「探究」の文字を探すと，「探究課題」「探究の過程」といった言葉が目に飛び込んでくる。理科の教科書にも，「探究」の手順が

表1 これまで活字にしてきた自然災害関連の仕事から

| トピック | 災害／文献 | 概要，新たに明らかになったこと |
|---|---|---|
| 稲むらの火 | 津浪<br>大辻永（2008；2011b） | モデル濱口梧陵は地元の有力者として小さな経済をまわし復興を遂げた。その命へのこだわりは，異母兄弟の死にあった。 |
| 水戸藩の飢饉対策 | 飢饉<br>大辻永（2010；2024） | 金山衆永田茂衛門がその水を制する技術を水戸藩で応用し飢饉に備え石高をあげた。辰ノ口用水は既存の灌漑施設を利用するものであった。 |
| 三年寝太郎 | 飢饉（渇水）<br>大辻永（2011a） | 金山衆との関連が深い。寝太郎は，夜の測量隊だった。昔話として後世に伝わる。 |
| 津浪田老 | 津浪<br>大辻（2011b） | 過去の津波対策で成果をあげていた。明治期の最高潮位まで耐えられない設計で，年度をまたがる予算で積み上げられた防潮堤が決壊した。 |
| 信玄堤 | 洪水<br>大辻（2013） | 扇状地をなす河川の河道を上流に向け，治水と利水を同時に実現。人心を掌握する祭など。 |
| 天地返し | 火山災害，公害病<br>大辻（2019） | 宝永噴火，イタイイタイ病，福島第一原子力発電所事故，水俣病。共通してみられる対応策。 |
| 見沼代用水 | 飢饉<br>大辻（2024） | 紀州流井澤為永による見沼代用水。通船堀付近でなぜ3mの水位差があったのか。なぜ手頃な川から取水しなかったのか。 |

毎学年の教科書に載っている。一例を挙げると以下のようなものがある。

①問題を見つけよう

②課題をつかもう

③予想や仮説を立てよう

④観察・実験の計画を立てよう

⑤観察・実験をしよう

⑥結果を整理しよう

⑦結果をもとに考えよう

⑧調べたことをまとめ，発表しよう

　自由度は高いと注意書きがなされているが，「探究の過程」を踏襲しようとすると，自由であるべき学びが束縛されてしまう恐れもある。

　探究の過程それぞれの手順を形式的に踏めばよい，ということではない。学習者の中に芽吹く発想を最大限に重視する。追究してみたい課題についても，その方法についても，実存主義によって立つ部分に留意し

なければならない（大辻，2022）。文字通り「主体的な学び」になるように，教師は手立てをし，その上でじっと「待つ」のである。

## （4） 枠組みの再構築が求められるのは

　理科で扱う内容を自然科学の知識・技能や思考に限定して捉えれば，自然災害教育はその範疇を超える。既存の「自然と人間」という領域まで拡大して，やっと理科の範疇に収まる。それでも学習者の学びを考えれば他教科との関連があり，さらにどの教科でも扱わない内容も含まれ得ることから，各教科に加え「総合的な学習（探究）の時間」まで広げて対応する。

　この状況を改めてどのように捉えるか。人間と自然の関わりという図式が考えられる。人間は自然から食物を得て生命をつないでいる。自然からのエネルギー源を利用して生活している。自然の中にきまり，ルール，仕組みを読み解く。これを「科学」と捉える。つまり，「科学」は人間と自然の一つの関わり方である。すると，災害も自然と人間の関係性の一つと捉えられる。このように我々理科教育関係者が「理科」や「科学」というイメージを拡張し捉え直すことが，子どもたちが教科の枠を意識せず，それを超えて自由に探究していく第一歩なのである。

### ［参考文献］
- 有田和正（2000）『「はてな？」で総合的学習を創る先生』図書文化．
- 大辻永（2008）「『稲むらの火』のモデル濱口梧陵：人間愛と機転に満ちたハードとソフトの適応策」三村信男・伊藤哲司他（編著）『サステイナビリティ学をつくる』新曜社，173-182．
- 大辻永（2010）「水戸藩の災害対策」茨城大学ICAS（編）『茨城大学発　持続可能な世界へ』茨城新聞社，176-178．
- 大辻永（2011a）「三年寝太郎と金山衆」藤岡達也（編著）『環境教育と総合的な学習の時間』協同出版，126-135．
- 大辻永（2011b）「生きてはたらく問題解決能力育成のために：津波防災教育の教材研究」藤岡達也（編著）『持続可能な社会をつくる防災教育』協同出版，76-90．
- 大辻永（2013）「自然災害と理科授業」大高泉（編著）『新しい学びを拓く理科授業の理論と実践（中学・高等学校編）』ミネルヴァ書房，233-242．
- 大辻永（2019）「3.11以後のSTSリテラシーとその育成」鶴岡義彦（編著）『科学的リテラシーを育成する理科教育の創造』大学教育出版，224-244．
- 大辻永（2022）「STEAM教育実践のための理論的なフレームワーク」藤岡達也（編著）『よくわかるSTEAM教育の基礎と実例』講談社，43-52．
- 大辻永（2024）「野外研講座－2『見沼通船堀』の感想」『野外調査研究』Vol.8，68-72．

# 5 STEM／STEAM教育の観点と自然災害に関する教育

## (1) 自然災害対策とSTEM／STEAM教育

　自然災害への防災・減災，復興へは，常に最新の科学技術と社会体制が求められる。歴史を遡ってみても，その時代の最先端の科学技術が取り入れられてきた。近年では，理系総合型の STEM（Science, Technology, Engineering and Mathematics）教育，文理融合型の STEAM（Science, Technology, Engineering, Art and Mathematics）教育が注目されつつある。

　学校の授業での学びは，時代を反映しながらも伝統的な各教科のねらいに沿って進められることになっており，知識及び技能の習得は基本となる学習である。しかし，「生きる力」の育成において，個別の教科の学びでは，限界がある。そこで，教科横断的な学びの必要性から「総合的な学習の時間」が登場した。現行の高等学校では「総合的な探究の時間」となっており，「探究学習」は，今日，小学校段階から重視されている。ここでは，自然災害への防災・減災，復興に関する教育と理科を中心としながらも STEAM 教育をはじめとした，文理融合，学際・総合的な教育活動との関係，さらには探究活動について述べたい。

## (2) STEM／STEAM教育の動向

　STEAM 教育の動向については改めて述べるまでもなく，多くの著書，例えば『よくわかる STEAM 教育の基礎と展開』（藤岡編，2022）などを参照されたい。最近でも，令和5年6月16日に閣議決定された「第4期教育振興基本計画」の中で，STEAM 教育の重要性は記載されている。この基本計画は，教育基本法に示された理念の実現と，日本の教育振興に関する施策の総合的・計画的な推進を図るため，国によって策定された。計画には，今後5年間の教育政策の目標16と基本施策が記され，STEAM 教育や SDGs，ESD や DX，GIGA スクールなどについても記

されている。例えば，「今後の教育政策に関する基本的な方針」として，「①グローバル化する社会の持続的な発展に向けて学び続ける人材の育成」「②誰一人取り残されず，全ての人の可能性を引き出す共生社会の実現に向けた教育の推進」など5項目が挙げられており，①では「探究・STEAM教育，文理横断・文理融合教育等を推進」と明確に示されている。

「目標5　イノベーションを担う人材育成」の基本施策「探究・STEAM教育の充実」には，「学習指導要領を踏まえ，児童生徒が主体的に課題を自ら発見し，多様な人と協働しながら課題を解決する探究学習やSTEAM教育等の教科等横断的な学習の充実を図る」「『社会に開かれた教育課程』の実現に向けて，普通科改革や先進的なグローバル・理数系教育，産業界と一体となった実践的な教育等を始めとした高等学校改革を通じて，地域，高等教育機関，行政機関等との連携を推進する」などと記され，「STEAM機能強化や地域展開等を推進する」と示されている。

## (3)　自然災害への対応と科学技術・社会の相互関連

### ①科学技術・社会の相互関連の理解と防災・減災，復興教育

自然災害に関する教育，つまり，防災・減災，復興に関する教育には，自然現象の理解から災害に強い街づくりまで，文理融合型のSTEAM教育の視点が重要であることは容易に理解できるだろう。しかし，これらの教育を進めるにあたって，自然現象の理解はS（科学），防災設備等の設計などはE（工学），それを開発・実施可能にするのがT（技術），それらを理解するにあたって数値的なデータを用いるのがM（数学），以上を議論するプロセスや完成された防災設備等の外見がA（リベラルアーツ）と分けて考える必要はない。そのように考えてSTEAM教育を進めることを否定はしないが，これらの要素を総合・融合化して考え，実用化することがSTEAM教育のねらいであるとも言える。つまり，防災・減災，復興に関しても多方面から多面的に考えることが重要である。

視点として，科学技術と社会との相互関連を捉え，教育に何をどのように取り入れるかが大切であり，これがSTEAM教育の展開にもつな

がる。図1は，科学・技術・社会の相互関連と，そのコンセプトを簡単にまとめたものである。

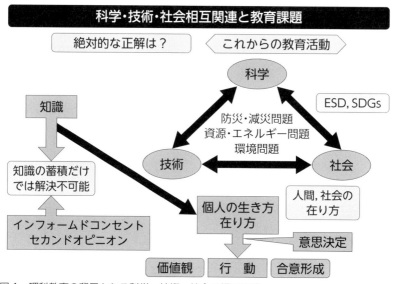

図1　理科教育の背景となる科学・技術・社会の相互関連

**②防災・減災に関する技術の発達**

　防災の教育開発にも STEAM 教育は重要であるが，A（Art）の捉え方は様々である。ここでは，A を歴史の視点から考えてみよう。

　自然災害への対応は，社会背景を踏まえ，常に最新の技術が用いられた。日本列島では，特に風水害に対しては有史以来の取組が見られる。弥生時代に稲作農業が伝来されて以来，人々は河川流域に生活基盤を求め，利水と治水が展開されてきた。中世でも当時の先端技術を用いた対応が行われた。今も「信玄堤」，秀吉の堤防，明智光秀の治水など，科学技術，社会相互関連から捉えられる遺構等が残っている。ただ，水害対策は人間が最先端の技術によって自然環境に働きかけてきたが，完全に解消されず，次の時代に，さらなる災害に結び付くことも見られた。例えば，堤防の構築が天井川となり，洪水が発生すると，浸水期間が長くなることもあった。水害はなくならず，加えて干ばつの問題が生じるところも見られた。近世に入ると全国で大規模な分離分流工事が行われ

る。利根川,木曽三川,淀川の工事は本格的に取り組まれ,明治以降の近代に入ると,お雇い外国人によって治水政策が一層進むことになる。

　今日においても沖積平野での河川氾濫に伴う,浚渫工事,スーパー堤防から地下放水路の建設にいたるまで,各地域で様々な取組が見られる。近代のコンクリート・アスファルト化によって,短時間に放水路に水が集中するため,内水による被害も増大し,そのため,日本の都市部では巨大な地下放水路の建設が進みつつある。一方で,本流の河川の水面が上昇すると,そこに流れ込むはずの支流の水が行き場を失うバックウォーター現象によって上流側の支流で破堤・溢水が生じることもある。従来,沖積平野が少ない日本列島では,丘陵地や山間部にも宅地造成が広がり,近年土砂災害も多く発生している。図は,近世・近代と河川改修が行われてきた現在の木曽三川の状況と,広島豪雨災害後につくられた106か所の堰堤の一つを示したものである。

図2　現在の木曽三川の状況　　図3　広島豪雨災害後につくられた堰堤

　日本での最大級のコンピュータは,気象情報の予測に用いられている。また観測機器も様々なところに設置されている。

　このように自然災害に関する科学技術は時代を超えた取組が見られる。STEAM教育についても先進諸国で,様々な教材が開発されたり,初等教育段階から実践が行われたりしている。しかし,その背景は国によって異なり,残念ながら軍事技術の人材開発のために展開されている例も見られる。海外とは異なる日本型のSTEAM教育を構築するにあたっては,自然災害に関する教育開発も重要な国際貢献につながる。

# 6 ICTと防災教育
## ——プログラミング学習からGIGAスクールまで——

### (1) ICTとGIGAスクール

　学校の授業で，1人1台端末と，高速大容量の通信ネットワークを一体的に整備し，多様な子どもたちを誰一人取り残すことなく，公正に個別最適化され，資質・能力が一層確実に育成できる教育ICT環境を実現する。そして，教師と子どもたちの力を最大限に引き出そうという取組を「GIGAスクール構想」と呼ぶ。ICTとは，Information and Communication Technology の略称で，情報通信技術のことである。また，GIGAスクールのGIGAは，Global and Innovation Gateway for All の略称で，すべての子どもたちのための世界につながる革新的な扉を意味する。令和4年度末段階で，国内の99.9%の自治体で児童生徒の手元に端末が配られ，インターネットの整備を含め，利用可能になっている。

　このGIGAスクール構想により，1人1台端末を利用した授業を行うことが可能になっただけでなく，子どもたちが論理的な思考力等を育むためのプログラミング教育を充実させることができるようになった。理科で学習する自然現象の知識と連動させ，水門の開閉，ダムの防災操作など，自然災害からの被害を減らす，最先端の科学技術について考えようとする学習内容の取扱いが可能になった。現在，防災教育を学習するための様々な教材が公開され，その教材を活用した授業の教育的効果が検討されている。

### (2) ICTを活用した実践例

　防災を学習する教材の一つとして，防災教育教材「河川」SP-P（株式会社 NaRiKa 製，以下同製品）を活用した授業を紹介する。

　災害発生の危険度と，とるべき防災行動を示す5段階の警戒レベルは，様々な色覚の人でもわかりやすい配色となるように考えられた5色に色

分けされている。気象庁が出す防災情報も，同じ5色で示されている。例えば，大雨による中小河川の洪水災害発生の危険度の高まりを5段階に色分けして地図上に示した「洪水キキクル」の色の意味は，黄色が警戒レベル2相当で注意，赤色が警戒レベル3相当で警戒，紫色が警戒レベル4相当で危険，黒色が警戒レベル5相当で災害切迫となっている（図1）。

| 色が持つ意味 | 状況 | 住民等の行動の例※1・2 | 内閣府のガイドラインで発令の目安とされる避難情報 | 相当する警戒レベル |
|---|---|---|---|---|
| **災害切迫**<br>大雨特別警報（浸水害）の指標に用いる基準に実際に到達 | 重大な洪水災害が切迫。洪水災害がすでに発生している可能性が高い状況。 | （立退き避難がかえって危険な場合）命の危険　直ちに身の安全を確保！ | **緊急安全確保**※5 | **5**相当 |
| ＜警戒レベル4までに必ず避難！＞ | | | | |
| **危険**<br>3時間先までに警戒基準を大きく超過する基準に到達すると予想 | 水位周知河川・その他河川がさらに増水し，今後氾濫し，重大な洪水災害が発生する可能性が高い状況。 | 水位が一定の水位を超えている場合には，安全な場所へ避難する。※3 | **避難指示** | **4**相当 |
| **警戒**<br>3時間先までに警戒基準に到達すると予想 | 洪水災害への警戒が必要な状況。 | 水位が一定の水位を超えている場合には，高齢者等は安全な場所へ避難する。※4　高齢者等以外の方も，普段の行動を見合わせ始めたり，避難の準備をしたり，自ら避難の判断をする。 | **高齢者等避難** | **3**相当 |
| **注意**<br>3時間先までに注意報基準に到達すると予想 | 洪水災害への注意が必要な状況。 | ハザードマップ等により避難行動を確認する。今後の情報や周囲の状況，雨の降り方に留意する。 | ― | **2**相当 |
| 今後の情報等に留意 | ― | 今後の情報や周囲の状況，雨の降り方に留意する。 | ― | ― |

図1　「洪水キキクルの色に応じた住民等の行動の例」（気象庁 Web サイトより）

　防災教育教材「河川」SP-P は，水門をレゴブロックで作成し，アプリをダウンロードした iPad を用いて，センサーが色を感知すると，水門を開閉したり，警告音を鳴らしたりするプログラムを組むことができる（図2）。そのため，警戒レベルや洪水キキクルの色と対応させて，被害を減らすプログラムを考えたり，その時の住民らの行動を話し合ったりする活動ができる。プログラミング言語はスクラッチであり，練習を積めば子どもも簡単にプログラミングできる。

　このような教材により，実社会での ICT を活用した防災対策について実感を伴った理解が可能である。さらに，防災情報が出される根拠について考える学習内容が展開できる。防災情報が出される状況について理解することで，実際に洪水等により，自宅から避難所に避難する必要が出た場合に，適切なタイミングで行動する力を育成する可能性が期待できる。実際に，小学校第5学年の児童に教材を活用した授業を行った

ところ「家から離れた場所で大雨になっていても,早めにキキクルで情報収集した方がよいと思った」という感想が見られた。

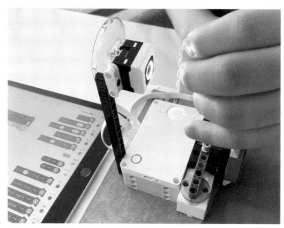

図2　防災教育教材「河川」SP-P

　このような実践は,水門だけでなく,他の防災・減災に関わる施設等でも同様の取組が可能である。例えば,ダムには,大雨で河川に多量の水が流れないように,水量を調節する機能がある。ダム下流の河川でもちこたえることができる水量までは,ダムに入ってきた水量をそのまま放水する。下流河川での洪水可能性が想定されるような水量になったら,放流を制限する。このタイミングについて,実際に発生した大雨時の河川の水位情報をもとに検討する授業構想も可能である。

　他にも,インターネット上には,キキクルだけでなく,気象庁が公開する火山観測データや,国土交通省と国土地理院が公開している重ねるハザードマップなど,得ることができる数多くの災害情報がある。これらを活用して,子どもたち自らが,探究的に災害からの被害を減らすための知識を獲得し,その知識を活用して,実社会の問題に沿いながら,防災・減災に関連した思考・判断・表現を行う授業も想定できる。

　さらに,プログラミング教育だけでなく,ICTを活用することで,以前より行われてきた地震や火山などの自然の事物・現象に関する実験等についても,より正確な理解を促すことが可能になった。

図3は，麩を火山灰や噴石に見立て，火山噴火実験モデルの火口近くに，Webカメラを載せたものである。子どもが火山噴火実験を見るときは，空からの目線で噴火現象を捉えることになる。そのため，実際に噴火が起きたときに目の前に広がることが想定される様子とは乖離している。しかしながら，Webカメラで映し出すことで，実際に噴火したときと同じ目線で実験を観察することが可能である（図4）。また，撮影している映像は学級全員で共有化することができる。

図3　火山噴火実験　　　　　　　図4　Webカメラで実験を捉えた画像

　以上のように，GIGAスクール構想により，1人1台端末を利用した授業が可能になったことで，自然災害から身を守るための防災教育の内容に，新たな可能性が加わった。今後，防災教育に関わる効果的な教育内容・方法の開発が一層期待される。

[参考資料]
- 気象庁「洪水キキクル（洪水警報の危険度分布）」
  https://www.jma.go.jp/bosai/risk/#lat:34.832581/lon:135.582790/zoom:14/colordepth:normal/elements:flood（2024年6月3日閲覧）

# 7 学校安全，危機管理に果たす理科教育の役割

## (1) 学校教育における防災教育の位置付け

　自然災害に対しては，各学校とも「学校安全計画」や「危機管理マニュアル」等の下，避難訓練や引き渡し訓練が実施されている。防災は災害安全と同義とされ，交通安全，生活安全とともに，学校安全の3本柱の一つを構成している。また，学校安全は学校保健，学校給食とともに健康教育の中に位置付けられ，学校での教育活動に重要な位置を占める。

　学校での教育活動もすべて法律に基づいて行われている。日本国憲法はじめ教育基本法，学校教育法，同施行規則等については当然のこと，学校保健安全法「第3章　学校安全」には明確に学校設置者，学校長の責任から，教職員研修，関係団体との連携までもが記載されている。

　一方で，学校での理科教育は学習指導要領において，発達の段階に応じた内容，取扱いが明確に記されているのは周知の通りである。自然現象の理解から，自然災害，災害の発生防止などについては理科以外でも，社会科，体育科，家庭科などにも記載が見られる。ただ，理科での防災教育の取扱いと学校安全における防災教育の取組との連動は，学校や教員にとって困惑することもある。例えば，防災教育の重要性は各教員に理解されていても，教科のどこで取り扱うか，内容が教科を横断することも多いため，「総合的な学習の時間」で取り扱うのが適切なのか，避難訓練，引き渡し訓練などは，教科をはじめとする教育活動とどのように関連させればよいのか，などについて戸惑うのである。

　現学習指導要領解説総則編では，付録6に「現代的な諸課題に関する教育等横断的な教育内容」の一つとして，「防災を含む安全に関する教育」が挙げられている。これは，総則第2の2「各学校においては，児童や学校，地域の実態及び児童の発達の段階を考慮し，豊かな人生の実現や災害等を乗り越えて次代の社会を形成することに向けた諸課題に対応し

て求められる資質・能力を，教科等横断的な視点で育成していくことができるよう，各学校の特色を生かした教育課程の編成を図るものとする」に基づき，体育科，家庭科，特別活動，特別の教科道徳，総合的な学習の時間，理科，社会科，生活科，図画工作科の各教科等が記されている。

　ここで検討したいのは，学校安全における理科の見方・考え方の活かし方である。例えば，避難訓練の基礎となるのは火災に対してである。消火活動についても理科の燃焼の3要素，つまり，ものが燃焼するためには，燃えるもの，酸素，温度がある一定の条件にあることを理解することによって科学的に理解できる。例えば，ものの燃焼として乱雑な書類が多い場所であったり，木造の建築物が倒壊した場所であったりすれば，火の回りが早くなる。そこで消火活動として，ものを被せて酸素の出入りを絶ったり，水をかけて温度を冷やしたりする対応に結び付ける。

## (2) 避難訓練等に関する科学的な理解

　各学校の安全計画や危機管理マニュアルでは，実践的な避難訓練等が意図されている。訓練では，学校や地域で発生する可能性の高い自然災害に備えた対応が必要となる。定期的に実施される避難訓練等についても，いつも先生の指示に従うだけであったり，形式的に行ったりするだけでなく，なぜその行動が必要かを理解して，子ども自らが危険を予測して，それを避ける態度を育成することが重要である。例えば，地震が発生した場合，ともかく机の下に潜るのでなく，「落ちてこない，倒れてこない，移動してこない」場所を子どもが判断して，避難できるようになることを求めたい。実際，地震が発生した場合に，子どもが慌てて机の下に入り込んで，おでこをぶつけたり，目の上を切ったりしたこともある。また，始業前の教室で，先生がいないときに，子どもが日常の避難訓練を思い出し，慌てて運動場に飛び出し，転倒して怪我をした。これらのことから，避難訓練では，理由を科学的に理解して行動につなげるというより，「地震が発生したときはともかく……しなくてはならない」というようにステレオタイプ的に動いていると言える。

## (3) 国内での「生きる力」を育成するための取組

　文科省は東日本大震災発生後，2012年3月に「学校防災マニュアル」，2013年3月に「学校防災のための参考資料　生きる力を育む防災教育の展開」を刊行した（2011年3月に刊行予定であったが，印刷直前に東日本大震災が発生し，修正を余儀なくされた）。2019年3月には「学校安全資料　生きる力をはぐくむ学校での安全教育」（第2版）が刊行された。これは当初「生きる力を育む防災教育」の改訂内容を含めることも意図されていたが，結果的に学校安全の一環として災害安全が取り扱われた内容であり，防災教育に特化されているとは言えない。

　東日本大震災発生後は，各都道府県等の教育委員会も地域に応じた「防災教育副読本」等を作成した。発生しやすい自然災害は地域によって異なっており，これは重要な意図をもつ。文科省は2012年から3年間「実践的防災教育総合支援事業」を，2015年から3年間「防災教育を中心とした実践的安全教育総合支援事業」を，2018年から「実践的安全教育総合支援事業」を実施した。予算的な裏付けもされ，これらの事業によって，各都道府県教育委員会等は，防災教育を充実させることが可能となった。また「学校安全の推進に関する計画」「第二次学校安全の推進に関する計画」「第三次学校安全の推進に関する計画」が5年ごとに閣議決定され，さらには「危機管理マニュアルの見直し」が公刊された。

　学校安全のねらいは，子どもの事件，事故災害からの死亡を0にすることであり，大きな事件，事故災害による負傷等を限りなく0に近づけることである。表1は厚生労働省から発表されているデータをもとに，幼児から教職大学院生の年齢相当までの男女別の死因を3位まで示したものである。自然災害から子どもたちを守るのが防災教育の大きな役割であるが，培った「危険を予測し，自らを守るための適切な行動」をとるための判断力は，交通安全，生活安全にもつながることを期待したい。一方で近年低年齢からの自殺者も無視できなくなっている。防災教育では，自然への畏敬の念，思いやりや感謝の気持ちも培うと同時に自然と

表1　年齢別死因：人口動態統計（厚生労働省，2021）より

**男**

| 年齢層 | 1位 | 2位 | 3位 |
|---|---|---|---|
| 0−4歳 | 不慮の事故 | 悪性新生物(腫瘍) | 心疾患 |
| 5−9歳 | 悪性新生物(腫瘍) | 不慮の事故 | 心疾患 |
| 10−14歳 | 自殺 | 悪性新生物(腫瘍) | 不慮の事故 |
| 15−19歳 | 自殺 | 不慮の事故 | 悪性新生物(腫瘍) |
| 20−24歳 | 自殺 | 不慮の事故 | 悪性新生物(腫瘍) |

**女**

| 年齢層 | 1位 | 2位 | 3位 |
|---|---|---|---|
| 0−4歳 | 不慮の事故 | 悪性新生物(腫瘍) | 心疾患 |
| 5−9歳 | 悪性新生物(腫瘍) | 心疾患 | 不慮の事故 |
| 10−14歳 | 自殺 | 悪性新生物(腫瘍) | 心疾患 |
| 15−19歳 | 自殺 | 悪性新生物(腫瘍) | 不慮の事故 |
| 20−24歳 | 自殺 | 不慮の事故 | 悪性新生物(腫瘍) |

人間，人間と人間（社会）との関わり，つながりも理解し，自己肯定感や自己存在感も養うことを期待する。

## (4) 防災教育，放射線教育との連動

　東日本大震災の発生から10年が過ぎ，津波などから大きな被害を受けた地域も復興が進んできた。しかし，未だに復興までの道のりが遠いのが，福島第一原子力発電所による事故災害である。被災地の都道府県・政令指定都市では，教育行政と学校が連携して様々な実践が見られた。その中で，福島県教育委員会は，福島第一原子力発電所事故によって，いじめ問題なども発生したため，まず放射線教育に取り組んだ。そして，放射線教育とともに防災教育を実施した。特色は全県での組織的な教員研修と副読本作成にあった。県内7つの地区別協議会を設置し，特に震災後10年は各教育事務所と研究協力校と連動して放射線教育と防災教育を進めてきた。県内だけでなく，国としても国外の不安に応じる必要がある。ここでも理科の見方・考え方から，科学的リテラシーを培う機会となることを願いたい（p.142 〜 145 参照）。

# 8 | 日本から世界へ発信するBOSAIと 国際貢献の在り方

## (1) 国連を通しての防災・減災，復興への貢献

　自然災害が多発化するのは日本だけではない。また災害の発生によっ
て，地域や貧富の格差が広がるのは，国内外を問わず同じである。気候
変動の影響も含め，将来を見据えると，さらに拡大する自然災害には開
発途上国だけでなく，先進諸国でも防災・減災が不可欠となっている。
日本は，歴史的に自然災害による被災経験が多いだけに，防災・減災，
復興についての数多くの蓄積がある。教訓を国内だけでなく国外にも発
信したり，活かしてきたりしたと言える。科学技術分野の貢献の中には，
防災・減災に関する内容も多い。世界の平和と安全（安定）に務める国
連に対しても，防災に関して様々な役割を果たしてきたと言えるだろう。

　例えば，国連防災世界会議等でのリーダーシップが挙げられる（なお，
「防災」は英語で，Disaster Risk Reduction であり，「自然災害削減」
と訳されることも多い）。日本はホスト国として，3回の同会議をすべ
て国内で開催した（1994 横浜市，2005 神戸市，2015 仙台市）。第1回
目は国連総会決議による「国際防災の10年」（1990 〜 1999 年）の中間
レビューであり，ここでは「より安全な世界に向けての横浜戦略と行動
計画（横浜戦略）」が策定された。第2回目は阪神淡路大震災10年後（開
催前にはスマトラ沖地震・インド洋津波により20万人をこえる犠牲者
が生じていた）に開催され，「兵庫行動枠組 2005-2015」が策定された。
さらに，第3回国連防災世界会議の成果は，防災に対する各国の政治的
コミットメント「仙台宣言」が採択されたこと，兵庫行動枠組の後継と
なる新しい国際的防災指針「仙台防災枠組 2015-2030」が策定されたこ
とである。「仙台防災枠組 2015-2030」は SDGs のゴール 11 にも記され
ている。2030 年は周知のように SDGs の最終年であり，この年に第4
回目の国連防災世界会議が開催されることになっている。

これまで日本が国連を通して国際社会に貢献してきたことは，表1の供出分担金を見ても明らかである。この割合はGDPに比例して分担している。2024年までは表1の分担率・額であるが，2023年にGDPは4位になったため，分担率・額も4位になる見通しである。

表1　国連通常予算分担率・分担金（外務省より）

| | 2014年 | | | 2018年 | | | 2022年 | | |
|---|---|---|---|---|---|---|---|---|---|
| | 国名 | 分担率 | 分担額 | 国名 | 分担率 | 分担額 | 国名 | 分担率 | 分担額 |
| 1 | 米国 | 22.000 | 621.2 | 米国 | 22.000 | 674.2 | 米国 | 22.000 | 693.4 |
| 2 | **日本** | **10.833** | **276.5** | 中国 | 12.005 | 334.7 | 中国 | 15.254 | 438.2 |
| 3 | ドイツ | 7.141 | 182.2 | **日本** | **8.564** | **238.8** | **日本** | **8.033** | **230.8** |
| 4 | フランス | 5.593 | 142.7 | ドイツ | 6.090 | 169.8 | ドイツ | 6.111 | 175.5 |
| 5 | 英国 | 5.179 | 132.2 | 英国 | 4.567 | 127.3 | 英国 | 4.375 | 125.7 |
| 6 | 中国 | 5.148 | 131.4 | フランス | 4.427 | 123.4 | フランス | 4.318 | 124.0 |
| 7 | イタリア | 4.448 | 113.5 | イタリア | 3.307 | 92.2 | イタリア | 3.189 | 91.6 |
| 8 | カナダ | 2.984 | 76.2 | ブラジル | 2.948 | 82.2 | カナダ | 2.628 | 75.5 |
| 9 | スペイン | 2.973 | 75.9 | カナダ | 2.734 | 76.2 | 韓国 | 2.574 | 73.9 |
| 10 | ブラジル | 2.934 | 74.9 | ロシア | 2.405 | 67.1 | スペイン | 2.134 | 61.3 |

国連通常予算分担率(%)，分担額(100万ドル)

　GDPの割合に従って分担金が決定され，日本の分担率，分担額は低下の傾向にあるが，それでも国際的には高い割合である（なお，アメリカはGDPから考えると割合は低いが，様々な事情で常にこの数値に留まっている）。世界の平和と安全（安定），さらには持続可能な社会に自然災害が立ちはだかる今日，日本には防災・減災での果たす役割は大きく，今後も経済的支援に加え，技術開発等の提供が期待される。

## (2) 被災地への日本の支援の例

　日本が行う被災地への支援には様々な内容，方法がある。例として世界の自然災害による犠牲者数が最も高いアジアへの貢献を示す。

### ① 921地震（台湾）

　1999年に台湾で発生した921地震（台湾大地震）では最大規模マグニチュード7.6を記録し，多くの犠牲者が生じた。この時，被災地へ最

初に救助に駆けつけたのは日本であった。このこともあり、台湾は東日本大震災の時に日本へ最大の支援を行った。現在、地震遺構「921 地震教育園区」として、甚大な被害を受けた光復中学校校舎や運動場の破壊状況が当時のまま保存されている。

②スマトラ沖地震

2004 年スマトラ沖地震・インド洋津波の犠牲者の総数は 22 万人を超え、地震津波による被害だけでなく、自然災害としても歴史上最悪の惨事であった。地震後に発生した大津波は、インドネシアからインド、スリランカ、タイ、マレーシアなど東南アジア全域に広がり、沿岸に甚大な被害が生じた。日本はスマトラ島沖地震による被害に対し、5 億ドルの支援を始め、自衛隊の災害派遣、国際緊急援助隊の派遣を行った。観測体制や教育体制が不十分な国もあり、国際的なシステムの構築についても日本の貢献が期待される。

さらに日本は、災害が発生してからの支援だけではなく、日常の備えとして、消防自動車や救急車などの車両も海外に提供している。図は、日本からモンゴルに提供された消防車である。

図1 日本からモンゴルに提供された消防車

### (3) 日本からの教育・研修、技術支援

日本では、JICA をはじめとして、技術研修等を中心に開発途上国に対し、多くの教育支援を行ってきた。防災に関しても技術者だけでなく、教育関係者や学校教育への協力・支援も見られる。

例えば、アジア防災センターでは、アジアを中心に、日本の教材を現地語に翻訳したり、現地の学校への直接・間接的な支援、さらには防災教育を主題とした文科省研究開発学校での防災教育の視察を支援したりすることもある。開発途上国では、自国だけでの教材開発等に限界があ

る。また，欧米とアジアでは自然環境そのものが異なり，翻訳しただけでは使用できないものも多い。何より教材だけでなく，それを活用する教育方法や効果的な教育を実施するためにも人材の育成が必要である。

## (4) 世界との共通認識の重要性

2004年12月に生じたM9.0のスマトラ沖地震，その後のインド洋大津波に対して，日本はハード面だけでなく，ソフト面での支援も行った。地震津波発生後，日本は現地語による津波防災の冊子を作成し，被害に遭った国々に配付した。冊子では戦前の国定教科書に掲載された「稲むらの火」という物語を紹介し，津波が発生するメカニズム，津波の特性，迅速な避難の重要性を記している。地震後に生じる津波被害を多く経験してきた日本にとって，世界に発信，提供すべき情報や教訓は多い。

遠い地域の災害ほど自分事としては考えにくいものである。また，自分の住む地域で起きた災害であっても，時間がかなり経っていれば，風化されやすい。しかし，プレート間の境界域であれば地震津波が発生する条件は同じである。地震津波の発生するメカニズムを理解し，地域の過去の災害を知ることは世界共通の防災教育の基本である。しかし，残念なことに，インド洋大津波後，冊子配布は海外への教育支援という活動に留まり，日本国内向けの教訓とした情報発信までにはつながらなかった。この津波から7年後の2011年に東日本大震災が起き，地震や大津波が日本にとって他人事でなかったことを痛感することになる。

図2　2004年スマトラ沖地震・インド洋津波後に配付された冊子

図3　「稲むらの火」が掲載された戦前の国定教科書

## COLUMN 01
## 災害の教訓を伝える地域の石碑

　日本各地には大規模な災害発生後に，記録とともに将来へ伝える教訓として，様々な記念碑やモニュメントが存在する。地域に大きな自然災害が発生しても，時間が経てば忘れられてしまったり，新たに移動してきた人にとっては知らなかったりすることもある。現在の防災・減災に重要な意味をもつ，それらの一部を紹介する。

①明治，昭和，平成の3つの時代に東北地方の太平洋側で発生した地震津波の甚大な被害を生じた地震津波の祈念碑である（岩手県）。

②1983年の日本海中部地震発生時に，遠足で海岸を訪れていた小学生のうち13名が津波の犠牲者となった。その子どもたちの名前も刻まれている（秋田県）。

③1847年の善光寺地震のように，歴史的な地震碑もある（長野県）。

④近年の気象災害では2015年関東・東北豪雨の記録をとどめている碑が見られる（茨城県）。

　いずれにしても地域の災害を風化させまいとする思いが伝わるものであり，教材としても活用したい。

# 第2章

# 自然現象が
# 自然災害へと
# 変わるとき

## ―そのメカニズムと事例―

# 1 地震・津波の発生と災害

## (1) 地震発生のメカニズム

### ①地震大国日本

　日本列島は面積としては世界の陸地のわずか 0.25% に過ぎない。しかし，地震の頻度の 15% は日本及び周辺で発生している。特に M6 以上の地震となると 20% 以上とまで言われている。世界で地震が発生している地域は，地球表面のプレートと呼ばれる岩盤とも関係している。日本列島及び周辺で発生する地震については，まずプレートを理解する必要がある。地球の表面は 10 数枚のプレートから構成される（図1）。

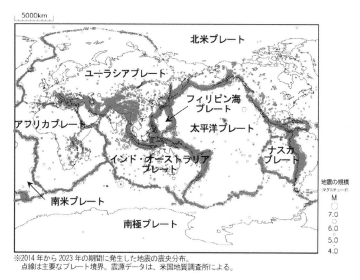

図1 「世界の主なプレートと地震の分布」（気象庁 Web サイトより）

　プレートは，その下のマントルの対流に伴って少しずつ動いている（図2）。地震が発生しやすいのは海嶺などのプレートが拡大する境界（引き伸ばされるため正断層型の地震となる），海溝やトラフのようにプレー

トが他のプレートに沈み込む境界（圧縮され逆断層型の地震となる），プレート同士がすれ違う境界（横ずれ型地震となる）などである。海洋のプレートは陸のプレートだけでなく，海洋のプレートに沈み込むこともあり，プレートが拡大するのは，海嶺のように海洋だけでなく，アフリカ大陸の南北を走る大地溝帯（グレートバリアリーフ）などのように内陸でも生じる。なお，ハワイ島のようにマグマが地表面に噴出するホットスポットは海洋の中だけでなく，アメリカのイエローストーン国立公園のように，陸地の中にも存在する。

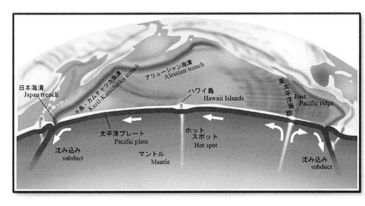

図2 「プレート運動の模式図」（気象庁 Web サイトより）

## ②日本列島周辺のプレートとそれらの関係

日本列島及び周辺に存在するプレートは，太平洋プレート，フィリピン海プレート，ユーラシアプレート，北米プレートの4枚のプレートから構成されている（図3）。それらは一方のプレートが他方のプレートに沈み込むなど，相互に関

図3 「日本付近のプレートの模式図」
　　（気象庁 Web サイトより）

係し合っている。

　日本列島は北東部（主に東日本）が北米プレート，南西部（主に西日本）がユーラシアプレートに載っている。北米プレートに向かって，太平洋プレートが年間約 8cm の速さで西側へと移動し，北米プレートの下に沈み込む。また，フィリピン海プレートは 1 年間に約 3〜5cm の速さで北〜北西側のユーラシアプレートに沈み込む。なお，太平洋プレートは西側のフィリピン海プレートの方にも急角度で潜り込んでいる。

　1 枚のプレートでも，沈み込む方向によって，地震や火山の発生する様子が異なる。例えば，太平洋プレートが沈み込む場所は，北米プレートの方向には千島海溝，日本海溝，さらにフィリピン海プレートの方向にはマリアナ海溝がある。また，フィリピン海プレートの沈み込みも，南海トラフの北側の四国地方や中国地方，さらには西側の九州地方と，方向によって様子が異なり，これが火山活動などにも影響を与える。

## (2) 地震による災害

### ①海溝型地震と津波による被害

　このプレート同士の動きと地震・津波の発生との関係を考える。まず，東北日本を例に，太平洋（海洋）プレートの北米（大陸）プレートへの沈み込みに伴って，東北地方に働く力と地震や津波の発生について触れる。

　地殻変動は GPS によって観測され，地表面の変動を捉えることができる。東北日本では，日本海溝から海洋プレートが大陸プレート上の日本列島に沈み込み，プレート境界面という大断層を形成している（図 4）。海洋プレートは，一定の速さで日本列島の下に沈み込み，プレート境界面が摩擦力によって固着し（固着域），大陸プレートを西側に押す（図 4）。プレート境界面は，一様に固着して

図 4 「プレートの沈み込みと固着域の概念図」
　　（国土地理院 Web サイトより）

いるわけではなく、強く固着している場所とほとんど固着していない場所があると考えられている。日本列島を載せた陸側のプレートに太平洋側の海洋プレートが沈み込むとき、陸側のプレートは少しずつ沈む。しかし、陸側のプレートも圧縮されるため、ある一定のひずみがたまると反発し、これが地震となる（図5）。ただ、プレート自身が滑ったり、破壊されたりする場合にも地震が発生することもあり、海溝型地震の発生メカニズムは様々である。

西南日本の太平洋側で発生する地震にも、東北地方のそれとほぼ同じメカニズムである。近年、南海トラフ地震への対応が急がれている。かつては、東海地震、東南海地震、南海地震などと呼ばれていたが、現在では南海トラフ地震と総称されている。トラフとは船底を意味し、フィリピン海プレートがユーラシアプレートに沈み込み、今後も大規模な地震・津波が発生することが予想されている。海洋底で大規模な地震が発生すると津波が生じるのは東北日本と同様である。大陸側のプレートにひずみが蓄積され、周期的に南海トラフ地震が図6のように生じてきた。

津波は海が深ければ、その速度は大きくなる。しかし、陸に近づき浅くなると、速度は小さくなり、後からの波が追いつい

図5 「津波が発生する様子」
（産総研地質調査総合センターWebサイトより）

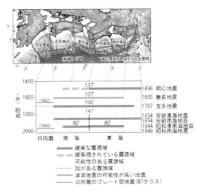

図6 「過去に発生した南海トラフ地震の震源域の時空間分布」
（気象庁Webサイトより引用・改変）

て津波が重なるため高くなる（図7）。

沖合の海底で地震が発生し，津波が陸地に向かって押し寄せる。さらに，津波は一定の周期で何度も繰り返される。2011年東北地方太平洋沖地震では，津波

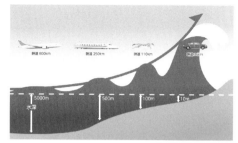

図7 「津波の伝わる高さと速さ」
（気象庁Webサイトより）

が沿岸部を襲う状況が映像に記録され，歴史的に繰り返されてきた地震津波の怖さを実感することとなった。津波からの避難を喚起する標識には高潮と同じ波の形が使われることも多いが，実際は巨大な体積を伴う大量の水の移動であるため，破壊的なエネルギーを有する。

津波のエネルギーは，被害を受けた建物から理解できる。図8の左側の建物（宮城県：南三陸町防災対策庁舎）は表面のコンクリート部分が破壊され，鉄筋だけが残った。ここでは43名の方が犠牲になった。右側の建物（岩手県：たろう観光ホテル）は，波が押し寄せた部分（1階，2階）の壁は剥ぎ取られ，波が届かなかった上部の階は残っている。これらの建築物は震災遺構に指定されている。

リアス海岸や河川など波の通り道が狭いと津波の高さは数十メートルに達することもある。海岸線の地形によっても，エネルギーが集中する場所が生じ，津波が高くなる。海岸から離れていても河川を遡上して周

図8 津波によって被害を受けた建物

辺に大きな被害を与える。宮城県石巻市雄勝町では，湾ではそれほどの高さでなかった津波が，狭い河川を遡上したために波のエネルギーが集中し，バスが建物の2階部分まで流されたり，付近の学校の屋上近くまで損傷を与えたりした（図9）。

図9　宮城県石巻市雄勝町での津波による被害

　津波が河川を遡上するときは強いエネルギーを保つ。日本の橋が水の勢いで流されることはあまりない。特に洪水時や増水時など，上流側からの急激な流れに対しては，橋の強度は十分に設計されている。しかし，海側からの遡上という強い流れのために上流に流された橋も見られた。

　津波が河川を遡上して流域に大きな被害を与えたのは近年の東北地方だけではない。歴史を遡ると，江戸時代の1707年の宝永地震，1854年の安政南海地震時に，当時からの水の都，大坂の市街でも津波が複数の河川を遡上し，河川の周辺に甚大な被害を与えたことが記録に残っている。

　南海トラフ地震では，これまで80年以内の周期が記録されていないとは言え（1946年の南海地震以来），もし，次回の地震がそれより早く生じると危険性が高まる。さらに大阪平野西部は平均海面より低い場所（ゼロメートル地帯）が広がっているため，津波が発生した場合，この地域での被害は甚大となることが予想される。大阪市は，休日の深夜など最悪の状況で南海トラフ地震に伴う津波が発生した場合，最大32万人の犠牲者が生じると見積もっていたが，これは決して大袈裟な数字ではない（その後，市民の防災意識が高まっているとして，想定される犠牲者数は若干低くなった）。避難所として，地震動には強度がある鉄筋コンクリートの校舎でも，沿岸部に立地していれば，津波によって貫通され

てしまう（図10）。

## ②大陸内部で発生する活断層型の地震

一般的に地震を原因によって分けると、主に海溝型地震と活断層型の地震として説明することができる。ただ、活

図10　沿岸部での校舎の津波被害

断層型の地震もプレートの動きとは無関係ではない。海側のプレートが陸側に沈み込むことによって常に陸側のプレートは圧縮を受け、そのため、内陸部において地中で岩石が破壊され、断層が形成される。日本列島では、圧縮されてできる逆断層が多い。日本列島には活断層がいたるところに存在するため、いつどこで、地震が発生しても不思議でない。

2024年1月に令和6年能登半島地震が発生し、北西部の海岸部で6m近く隆起し、多くの人が驚いたが、これは活断層ではない。地震によって生じた活断層で世界を驚嘆させたのは、1891年濃尾地震時に地表面に現われた根尾谷断層である。マグニチュード8.0という世界でも最大級の内陸直下型地震であったため、犠牲者数は全国で7,273人、全壊・焼失家屋142,000戸と近代日本に大きな衝撃を与えた。根尾谷断層は、現在も地層の垂直方向の変位を観察できる。また、資料館では直接、この断層の断面を観察することができる（図11）。

図11　1891年濃尾地震時に地表面に現われた根尾谷断層

1995年の兵庫県南部地震では、淡路島の北淡町で野島断層が地表面に現れた。兵庫県では、この断層の一部を震災の教訓として保存し、多

くの人が見学できるようにしている。逆断層や横ずれ断層の様子をそのまま見ることができる（図12）。さらに，野島断層直上にあった住宅をメモリアルハウスとして，野島断層と共に記念館として保存している。

図12　1995年の兵庫県南部地震で淡路島北淡町に現れた野島断層

　活断層の影響による地震が沖積平野で発生した場合は，阪神淡路大震災のような都市型の地震災害となる。兵庫県南部地震は，沖積平野だけでなく，丘陵地から山間部の花こう岩地帯でも大規模な被害を引き起こした。風化した花こう岩が地震動によって崩れたところが目立ったが，山の多い日本列島では，大地震が発生したとき，大規模な地すべりや崖崩れによる被害が頻繁に生じている。典型的な例として，多くの斜面崩壊（土砂災害）が発生した2004年の中越地震が挙げられる。（第2章4参照）。もともと，新第三紀（約1500万年前）の砂岩泥岩層などの地すべりを起こしやすい地層であったことも，被害を拡大する原因となった。

　プレート同士の関係から，海溝型地震と活断層型地震を整理すると，図13のようになる。地震の規模を示すマグニチュードが大きな地震は，甚大な被害を与えることが想像しやすいが，震源が浅い場合は，マグニチュードが小さくても被害が大きくなることもある。

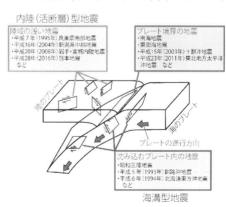

図13　「日本付近で発生する地震」
　　　（気象庁Webサイトより引用・改変）

# 2 | 火山噴火のメカニズムと災害

## (1) 火山噴火という現象

　概ね過去1万年以内に噴火した火山及び現在活発な噴気活動のある火山を「活火山」と呼んでいる。現在，国内には111の活火山がある。筆者がまだ学生だった2010年頃は，人間の煩悩の数と同じ108だと覚えていたが，その後2011年に2火山，2017年に1火山が選定された。

　火山の下にはマグマがある。マグマとは，地殻やマントルを構成する個体の岩石が溶けたもののことである。液体のマグマ，ガス，鉱物の結晶からなる。

　一般に，個体よりも液体の密度が小さいため，地下深く生まれたマグマは，浮力によって上昇する。そして，地下3〜10km程にある「マグマだまり」と呼ばれる，マグマの密度と周りの岩石の密度が等しくなった場所で停滞する。その後，何らかの原因で，マグマが上昇できる条件が揃うと，再びマグマが上昇し，地表に現れる。それを噴火と呼んでいる。そして地表に出たマグマのことを溶岩と呼ぶ。

　この火山噴火は，地球にとって，どのような意味のある現象なのだろうか。地球は内部ほど温度が高い。マントルの深さ1,000km程で，約2,000℃程度，中心部は約6,000℃を超える。とてつもない高温である。私たちが歩いている地面の下，数10mの場所でも，100mあたり，2〜3℃程度温度が上がる。そのため地球は，火山の噴火によって，地球内部から熱いマグマを地表に出し，その熱を地球の大気を通って冷たい宇宙空間へと移動させ，地球内部の熱を冷やしている。既に冷え切ってしまった月には，火山もなければ生き物も住んでいない。火山噴火は，地球が生きているということが実感できる壮大な自然現象なのである。

## (2) 噴火の仕組み

　マグマは，マグマだまりからどのようにして地上に上ってくるのだろうか。これについて，いくつかのモデルを紹介する。

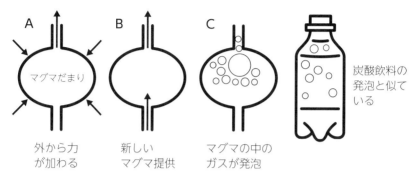

図1　噴火のメカニズム

　まず，マグマだまりに外部から圧力が加わることがきっかけで，マグマが上に向かって動くことが考えられる（図1のA）。また，マグマだまりの下から，新たなマグマが供給されるモデルも考えることができる（図1のB）。さらに，マグマだまり中のガスが発砲することによるモデルも考えられる（図1のC）。

　このCのモデルについては，炭酸飲料を想像すると理解しやすい。炭酸飲料をよく振ってから，蓋を開けると勢いよく噴出する。これは，液体に溶けている二酸化炭素が振られることで泡立とうとし，蓋を開けたことで減圧され，液体から遊離し，一気に発砲することで起こっている。マグマの場合も原理はこれと同じである。マグマの中に溶けている液体の水が水蒸気となり，発砲する。液体から気体になった分，密度が小さくなり，浮力が生まれる。他に，マグマだまりのマグマが冷却され，結晶が晶出することがきっかけで発砲することもある。例えば玄武岩質マグマは，1,200℃くらいで，かんらん石が結晶化され，次に液体のマグマと反応して輝石になるなど，その性質を変化させていく。このような，鉱物の結晶化に伴い，マグマの性質が変化していくことを結晶分化

作用と呼ぶ。マグマだまりに、水が入り込まない結晶が増えると、液体のマグマに含まれる水の割合が大きくなる。液体のマグマに含まれる水が一定量を超えると、マグマから水が遊離されて水蒸気となり発砲する。意外かもしれないが、噴火メカニズムの鍵は、マグマに含まれる"水"の存在なのである。

このような過程を経て、マグマは地下深くから上がってくる。地表近くまで上がってくると、マグマにかかっている圧力はさらに下がり、マグマに溶けているガスが一層発砲する。そして、その圧力により、火口を塞いでいる昔の溶岩を吹き飛ばし、噴火口を開け、地上に現れる。

## (3) いろいろな火山の形

マグマにもいろいろな性質がある。マントルを構成する個体の岩石が溶けたマグマは、基本的には岩石の主成分である二酸化ケイ素の少ない、粘性が低いサラサラとした玄武岩質である。そして、地殻を構成する個体の岩石が溶けたマグマは、二酸化ケイ素が多い、ケイ長質か安山岩質のマグマである。玄武岩質のマグマと比べるとドロドロとして、粘性が高い。マグマの粘性は、この二酸化ケイ素量の影響を受ける。マグマだまりにあるマグマに、下から異なる性質のマグマが提供されると、中間組成のマグマを生成する。このような現象をマグマ混合現象と呼ぶ。このようにして、マグマには粘り気の強いものと弱いもの、その中間が存在する。このマグマの粘り気の違いや、水などの火山ガスの成分などにより、様々な噴火現象を起こす。そして、それに応じた火山の形をつくる。では、どのような噴火をして、どのような形の火山がつくられるだろう。

粘性の低い玄武岩質のマグマは流れやすい。蜂蜜をイメージするとよいだろう。このようなマグマが火口から繰り返し流出すると、山麓の傾斜が4～6°となだらかな楯状火山ができる。ハワイ島のマウナロア火山がそれにあたる（図2）。この山は、標高も約4,200mある。富士山の標高が約3,777mなので、富士山よりも高い。近くに位置する同じくら

いの高さの山にマウナケア火山があるが，世界有数の天体観測の地として知られ，世界中の観測所が設置してある（図3）。

図2　マウナロア火山（楯状火山）　　図3　マウナケア火山

　少し粘り気の強い安山岩質のマグマが流れると縦に大きくなる。また，爆発的な噴火を起こし，噴火により噴出する岩片である火砕物が層状に積み重なる。このような火山を成層火山と呼ぶ。日本の富士山がそれに当てはまる（図4）。日本にある火山の多くは成層火山である。そして，さらに粘り気が強くなり，マヨネーズのようになると，厚みのある溶岩が火口の近くに盛り上がり，ドーム状の高まりをつくる。これを溶岩ドームと呼んでいる。北海道にある昭和新山がそれに当てはまる（図5）。このように，マグマの状態によって，火山は様々な形をつくる。

図4　富士山（成層火山）　　図5　昭和新山（溶岩ドーム）

　また，このマグマの粘性により，爆発的な噴火になるのか，穏やかな噴火になるのかが決まる。粘性の低いマグマは水蒸気の泡が成長しやすく，マグマが地上に出たときに，泡が空気中に出ていく。その結果，マ

グマは穏やかな溶岩流を流す。一方,粘性が強いマグマは,水蒸気の泡が無理やり成長し,その結果,泡によってマグマが引きちぎられ,大爆発を引き起こし,火山灰や火山弾,軽石が放出される噴火となる。

## (4) 様々な噴火現象

地上に出たマグマは,どのような現象を起こすのか。ここでは,これらの現象について解説する。

### ①噴煙柱

マグマが上がってくる火道の内部で急激な発泡が起きると,マグマは引きちぎられ,軽石や火山灰が火口から上空に吹き上げられる。軽石や火山灰が吹き上げられ,柱のようになった状態を噴煙柱という。噴煙は浮力を獲得し上昇するが,上昇できなくなったところで上空の風に流されて拡散する。1977年8月7日,北海道の有珠山が噴火した。この時,噴煙の高さは10,000mにも達した。軽石や火山灰は,最初は東に降ったが,8日午後から9日早朝までの低気圧の影響から風向きが変わり,北側方向に灰が降り始めた。このように,火山灰の降る範囲は,天気の影響を受け,上空の風によって決まる。

### ②溶岩流,溶岩ドーム

マグマは地表に出ると溶岩と呼ばれることは先に述べた。溶岩流や溶岩ドームの形成とは,溶岩が火口から低い側へと流れる現象である。噴出時の溶岩の温度は,800℃〜1,200℃くらいである。1986年11月15日,東京都にある伊豆大島の三原山で噴火が発生し,19日には火口を埋め尽くした溶岩があふれ,溶岩流となって山の斜面を流れ下った。伊豆大島では,11,000人の島

図6 伊豆大島三原山

52

民と観光客が島外避難した。三原山では，その時に流れた溶岩が黒い筋となって遠方からでも見ることができる（図6）。

### ③火砕流

　火砕流とは，火山灰や軽石などの高温の火砕物と火山ガス，それらに取り込まれた大気の混合物が，高速で山の斜面を流下する現象である。噴火現象の中でも特に危険である。この火砕流は，溶岩ドームの一部が爆発したり，崩落したりすることで発生する（図7のA・B）。また，噴煙柱が途中で崩れることで発生したり，火口から火砕物が直接噴き出したりして発生することもある（図7のC）。1991年6月3日，長崎県の東南部，有明海に突出した島原半島の中央に位置する雲仙岳では，このような火砕流が繰り返し発生した。当時は，火砕流という現象は十分に知られていなかったこともあり，外国の火山学者を含め，死者・行方不明者43人といった被害を受けた。

A　溶岩ドームの一部が崩れる
B　成長中の溶岩ドームが爆発
C　火口から吹き上げられて崩落

図7　火砕流の発生メカニズム

### ④山体崩壊，岩屑なだれ

　成層火山のように，溶岩や様々な火砕物が層状に積み重なっている構造は，とても不安定である。火山活動が弱まって侵食が進んだり，熱い温泉水によって変質し，内部が脆くなったりする場合がある。このように火山体が不安定な状態で，地震が起きたり，新たな噴火が起きたりすると，火山体が崩壊してしまうことがある。この現象を山体崩壊と呼ぶ。山体崩壊により生じた，乾燥した，様々な大きさの礫を含む土砂が高速で山の斜面を流れ下る現象を岩屑なだれと呼ぶ。

　福島県にある磐梯山は，約5万年前と1888年の2回，山体崩壊を起

こしている。1888年7月15日の山体崩壊では、岩屑なだれと爆風により、477名が亡くなっている。一番被害が大きかったのは長坂集落である。集落の西側で噴火が起こったため、住民は東側の長瀬川に避難した。しかし、岩屑なだれが、土地の低い、長瀬川に入り、泥流となって流れた。その結果、多くの人が命を落とした。一方、集落の西側にある住民の家屋は高台にあったため、ほとんど壊されていなかった。命を守るための判断には、噴火現象への理解が重要であることがわかる。これらはジオパークに設置してあるジオサイトからも学ぶことができる（図8）。

図8　磐梯山ジオパークのジオサイト　左：磐梯山噴火と長坂の悲劇の解説版　右：見祢の大石（1888年の噴火で泥流により運ばれた巨塊）

⑤噴石、火山弾

　マグマが地上に上がってきて、新たな噴火が始まるとき、それ以前に火口を埋めていた古い岩石を破壊して、上空に放出する。放出された岩石は、放射線軌道を描いて、火口周辺に落下する。これが噴石である。一方、液体として噴出する溶岩が、空中に飛び出して引きちぎられたり、砕けたりして特定の形になるものを火山弾と呼ぶ。パン皮状火山弾や牛糞状火山弾など、似ているものの形で名前が付けられている。平成26年9月27日、長野県と岐阜県の県境に位置する御嶽山が突然噴火した。紅葉シーズンの土曜日ということもあり、多くの登山客が訪れる中、噴火により発生した噴石で、死者58名、行方不明者5名、負傷者69名という戦後最悪の火山災害を生んだ。

## (5) 噴火現象と火山の恩恵

　火山地域の多くは，噴火によりつくられた地形が，雄大で美しい景観を生み出している。また，火山の下にあるマグマの熱により，地下水が温められて，温泉となって地表に流れ出す。これらの恩恵を求め，毎年多くの人が観光で火山を訪れている。

　さらに，大昔の噴火活動により大量の火山灰が広い範囲に堆積し，風化が進み，固有の有機物に変わる腐植が土に混じった土地は，農作物の豊かな生産地帯であることも多い。地熱発電，温泉発電などは，火山の豊富な熱エネルギーを利用したものである。

　このように，火山は私たちに長い時間，多くの恩恵をもたらしている。一方で，噴火すると，これまで述べてきたように，様々な被害を受けることになる。そのため，自分たちの住む近くの火山，登山に行く火山などが，これまでどのような噴火をしてきたのか，今後どのような噴火現象が起こる可能性があるのかなどをよく理解しなければならない。

　国土の15％が火山噴出物に覆われた火山国である日本に住む私たちには，火山噴火のメカニズムについての知識を踏まえた上で，火山と共に生きることについて深く理解するための教育を充実させる必要があるだろう。

図9　1914年に噴火した桜島の現在の様子と避難壕

# 3 | 前線・台風による集中豪雨と水害

　梅雨前線や秋雨前線の停滞や台風の通過により、天気が荒れることが多い。大雨、あるいは融雪水が原因となって、河川の増水や氾濫、さらには土砂災害が引き起こされ、家屋の倒壊、道路の遮断、停電などによって我々の生活は脅かされる。

## (1) 近年の気象災害

　気象災害はどのような現象により、どのような頻度で発生しているのだろうか。平成元年（1989 年）から令和 2 年（2020 年）に生じた主な気象災害の資料（気象庁）によると、120 事例が報告されていた。

　災害の年発生事例数の経年変化をまとめたものが図 1 である。これによると 2004 年の事例数は 10 例と最も多いが、2 〜 4 件の気象災害が毎年発生し、年が推移するにつれて発生数の増加・減少の傾向は認められず、同程度を推移している。台風の年発生数も同様の傾向であった。

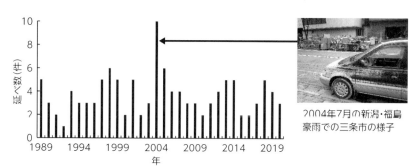

2004年7月の新潟・福島豪雨での三条市の様子

図 1　気象災害の年発生数の経年変化
　　　（気象庁「災害をもたらした気象事例（平成元年〜本年）」をもとに作成）

　次に、気象災害の月別発生数を図 2 に示す。最も多く気象災害が発生した月は 9 月であり、暖候期に気象災害が頻発していることがわかる。

　図 1 の気象庁の資料には、災害時の気象概況が記載されており、その文章から気象用語を読み取ったところ、登場数が最多の用語は「台風」で、

全120事例中70事例に記載があった。

そこで，台風の記載があった事例の中で，どのような気象現象が併記されているのかを調べたものが表1である。「停滞前線」「梅雨前線」「秋雨前線」という3つの気象用語が見られ，総和が28例であった。台風による気象災害70例の内，4割において停滞前線などが関与していたと言える。これは，梅雨・秋雨末期に，台風が停滞前線を刺激し（水蒸気の供給），集中豪雨を引き起こす現象である。

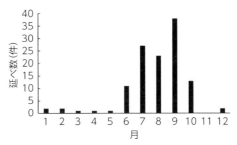

図2 気象災害の月別発生数

表1 台風と同時に起こった気象現象

| 気象現象 | 数 |
| --- | --- |
| 梅雨前線 | 13 |
| 秋雨前線 | 1 |
| 停滞前線 | 14 |
| 寒冷前線 | 0 |
| 冬型気圧配置 | 0 |
| 南岸低気圧 | 0 |
| 低気圧 | 0 |
| 熱帯低気圧 | 0 |

## (2) 台風

### ①台風とは

熱帯の海上で発生する低気圧を「熱帯低気圧」と呼び，このうち北西太平洋（赤道より北で東経180度より西の領域）または南シナ海に存在し，なおかつ低気圧域内の最大風速（10分間平均）がおよそ17m/s（34ノット，風力8）以上のものを「台風」と呼ぶ（気象庁，2020）。

台風の中心気圧が低いほど周辺から空気が集まり，中心付近で上昇気流が生じ，雲が発生する。台風の強さは台風の中心付近の最大風速や中心部の気圧によって決められ，台風の中心付近の最大風速が，33m/s以上44m/s未満を「強い」，44m/s以上54m/s未満を「非常に強い」，54m/s以上を「猛烈な」と分類される。

### ②台風の中心気圧や最大風速

第2次世界大戦中，飛行機や船舶が台風に巻き込まれることがあり，

米軍は台風に関する調査を始めた。グアム島からフィリピンに向かって定期的に飛行機を飛ばし、途中に台風があると上空から台風の中心に突入し、高度3,000m付近から気圧計などを搭載した気象ゾンデを落下さ

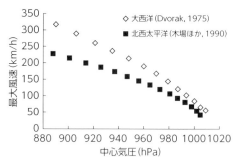

図3　台風の中心気圧と最大風速の関係

せ、気圧を測定し、飛行機の速度、空気抵抗や気圧計の変化量から中心付近の風速を測定した。多い年で約800回の観測が行われた。

　米国の気象学者Dvorakはアメリカにおける過去のハリケーンについて、実際に観測された中心気圧や最大風速の関係を明らかにした。図3からわかるように、中心気圧や最大風速の間には対応関係があり、最大風速がわかれば中心気圧を推定することができる。また、両者の関係は対象とする地域によって異なる。

　1970年12月に米国は極軌道衛星ノアを打ち上げ、気象衛星による台風観測が始まった。これにより、台風や熱帯低気圧の雲の全容を見ることが可能になった。その後も飛行機による台風の中心付近の(最大)風速や気圧観測が行われ、衛星画像による雲の分布の特徴(目の有無、雲の分布)の観測資料が蓄積された。

　それらを用いてDvorakは衛星画像から得られる台風の雲分布パターンの特徴から2つのパラメータを経験的に決めた。そして、それらと航空機観測から得られた台風の最大風速の関係が明らかになった(北本、2020)。これにより、現在、衛星画像の雲の分布から台風の最大風速を決めている。

③台風による災害

　台風がどのような災害を引き起こしているのかを調べたものが表2である。図1の気象庁の資料において、気象概況の文章の中に災害用語の記載があれば1事例と見なした。これによると、台風によって引き起こ

される災害は、台風関連の気象災害全70事例中、大雨・豪雨及び浸水が69事例となっており、台風が襲来し、災害が発生すると、ほぼ大雨・豪雨及び浸水が発生すると言える。次いで、暴風も50事例（71%）と多い。

雨が浸透することにより生じる土砂災害が33例（47%）発生し、斜面が見られる山間地では道路が通れなくなることもある。

洪水や氾濫も18事例（26%）発生している。台風が関与する気象災害は降水量に関係し、洪水や氾濫に関係する台風の雲の広がりや進行ルートに注意すべきである。

高波・高潮は17例（24%）発生している。高波・高潮は台風により引き起こされることが多く、ひとたび起こると被害が大きいのが特徴である。この場合、台風の進路から自分の位置が左右どちらになるかに注意する必要がある（第3章13参照）。

表2 台風が関係した気象災害

| 災害 | 数 |
|---|---|
| 大雨・豪雨 | 69 |
| 暴風 | 50 |
| 突風／竜巻 | 4 |
| 大雪 | 0 |
| 高波・高潮 | 17 |
| 土石流 | 1 |
| 土砂災害 | 33 |
| 洪水・氾濫 | 18 |
| 浸水 | 69 |
| 落雷 | 0 |

図4 集中豪雨による土砂崩れで通行できなくなった道路

### (3) その他の大雨

#### ①集中豪雨・局地的大雨

大雨に関する用語はいくつかあり、最近よく使われる「ゲリラ豪雨」とは、集中豪雨や局地的大雨のことである。

集中豪雨とは、同じような場所で数時間にわたり強く降り、100mmから数百mmの雨量をもたらす雨のことであり、積乱雲が同じ場所で

次々と発生・発達を繰り返すことによって雨が長時間強く降り，重大な土砂災害や家屋浸水等の災害を引き起こす。

　局地的大雨とは，急に強く降り，数十分の短時間に狭い範囲に数十mm程度の雨量をもたらす雨であり，「局地的な大雨」とも言う。単独の積乱雲が発達することによって生じ，大雨や洪水の注意報・警報が発表される気象状態でなくても，急な強い雨のために河川や水路等が短時間に増水するなど，急激な状況変化によって重大な事故が引き起こされることがある。なお，雨の強さは表3のように分類される。

表3　雨の強さの分類

| 雨の強さと降り方 (平成12年8月作成)，(平成14年1月一部改正)，(平成29年3月一部改正)，(平成29年9月一部改正) | | | | | | |
|---|---|---|---|---|---|---|
| 1時間雨量 (mm) | 予報用語 | 人の受けるイメージ | 人への影響 | 屋内（木造住宅を想定） | 屋外の様子 | 車に乗っていて |
| 10以上〜20未満 | やや強い雨 | ザーザーと降る | 地面からの跳ね返りで足元がぬれる | 雨の音で話し声が良く聞き取れない | 地面一面に水たまりができる | |
| 20以上〜30未満 | 強い雨 | どしゃ降り | 傘をさしていてもぬれる | | | ワイパーを速くしても見づらい |
| 30以上〜50未満 | 激しい雨 | バケツをひっくり返したように降る | | 寝ている人の半数くらいが雨に気がつく | 道路が川のようになる | 高速走行時，車輪と路面の間に水膜が生じブレーキが効かなくなる（ハイドロプレーニング現象） |
| 50以上〜80未満 | 非常に激しい雨 | 滝のように降る（ゴーゴーと降り続く） | 傘は全く役に立たなくなる | | 水しぶきであたり一面が白っぽくなり，視界が悪くなる | 車の運転は危険 |
| 80以上〜 | 猛烈な雨 | 息苦しくなるような圧迫感がある。恐怖を感ずる | | | | |

「雨の強さと降り方」（気象庁 Web サイトより）

②線状降水帯

線状降水帯は，発達した雨雲（積乱雲）が次々と発生し，数時間にわたってほぼ同じ場所を通過または停滞することで作り出される（図5）。長さ50〜300km程度，幅20〜50km程度の線状に伸びる強い降水域である。線状降水帯による顕著な大雨によって，毎年のように数多くの甚大な災害が生じている。

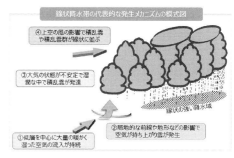

図5　線状降水帯の模式図
（気象庁Webサイトより）

## (4) 水害の種類と発生の仕組み

### ①洪水・浸水

洪水とは，通常の境界や範囲を超えて大量の水があふれる現象である。気象庁の定義では，洪水は「河川の水位や流量が異常に増大することにより，平常の河道から河川敷内に水があふれること，及び，堤防等から河川敷の外側に水があふれること」とされている。一般的には，河川の水が堤防を越えて氾濫することを洪水と言う。

浸水とは，洪水によって水が市街地へあふれ出し，家屋や建物などに水が入り込むことを指す。

また，水害は水によって引き起こされる災害の総称で，洪水や浸水などが含まれる。

洪水の主な原因は，台風や大雨などの集中豪雨による河川の氾濫である。氾濫には，河川の水位が上昇し，堤防を越えたり破堤したりして堤防から水があふれる「外水氾濫」と，河川の水位が高くなることで周辺の支川や下水道から水があふれる湛水型の「内水氾濫」とがある。後者は本川から支川への逆流によるものや，人為的な水門閉鎖によるものも含む。

## ②高波・高潮

　高波は，波の高さ（波の山と谷の高度差）が大きい波のことで，強い風が原因で発生し，波浪注意報・警報の対象になる程度の高い波である。

　高潮は，海面が沖合から盛り上がって，海岸や沿岸の方へ押し寄せる現象である。以下，高潮発生の仕組みについて述べる。

　台風は低気圧の一種であり，台風周辺の風の吹き方は低気圧周辺と同じで，反時計回りに風が吹き込む（図6）。このことを考慮すると，台風接近時の風向の変化の仕方は，進行方向に向かって右半円では「北→東→南」と時計回りに風向が変わる風向順転となり，進行方向に向かって左半円では「東→北→西」と反時計回りに変わる風向逆転となる（図7）。

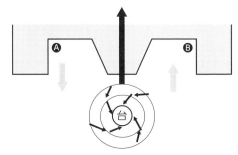

図6　台風が湾に上陸するときの進行方向

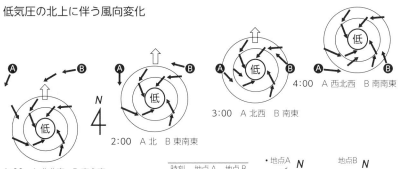

図7　台風周辺の風向分布

台風に伴う風が沖から海岸に向かって吹くと，海水は海岸に吹き寄せられ，海岸付近の海面の上昇が起こる（図8b）。これを「吹き寄せ効果」と呼ぶ。また，台風が接近して気圧が低くなると海面が持ち上がる（図8a）。これを「吸い上

図8　高潮の発生
　　a 吸い上げ効果　b 吹き寄せ効果

げ効果」といい，外洋では気圧が1hPa低いと海面は約1cm上昇する。このようにして起こる海面の上昇が高潮である（村山，2006）（第3章p.134〜137参照）。なお，外洋では気圧が1hPa低いと海面は約1cm上昇する（気象庁，2020b）。

　図6に見られるように「台風の進行方向」と「台風の中心を反時計回りに吹き込む風向」は，進行方向に対して右側部分で同じ方向となるため，風が強くなる（オリンポス，1998）。そのため，南に開いた湾の場合は台風が西側を北上した場合に南風が強く吹き，高潮が起こる。さらに強風によって発生した高い波も沖から押し寄せるので，高潮に高波が加わって海面は一層高くなる。

[参考文献・資料]
- 気象庁（2020）「台風とは」Retrieved from
  https://www.jma.go.jp/jma/kishou/know/typhoon/1-1.html
- Dvorak, V.F., (1975) Tropical cyclone intensity analysis and forcasting from satellite imagery, Mon. Wea. Rev., 103(5), 120-430.
- 木場博之，荻原武士，小佐野慎悟，明石修平（1990）「台風のCI数と中心気圧および最大風速の関係」『気象庁研究時報』42, 59-67.
- 北本朝展（2020）「デジタル台風：台風観測とドボラック法」Retrieved from
  http://agora.ex.nii.ac.jp/digital-typhoon/help/dvorak.html.ja.
- 村山貢司（2006）『台風学入門』山と渓谷社
- 気象庁（2020b）「高潮」Retrieved from
  https://www.data.jma.go.jp/gmd/kaiyou/db/tide/knowledge/tide/takashio.html
- オリンポス（1998）『図解雑学 気象のしくみ』ナツメ社

# 4 | 土石流・地すべり・崖崩れなどの土砂災害

## (1) 日本列島に多い土砂災害

　日本列島で頻発する自然災害の一つに土砂災害がある。毎年，豪雨時などに，日本各地で土砂災害による甚大な被害が生じている。その理由として，まず国土面積を見ても全体的に平地が少なく，丘陵地や山間地などが広がっている地形的な特色が挙げられる。

　また，地質的な原因も大きい。具体的には，西日本を中心として，風化しやすい花こう岩からなる山地が多いこと，日本の花こう岩は世界の花こう岩に比べ，形成されてから比較的新しいことも無視できない。日本の花こう岩は中生代の終わり以降，それでも約8,000万年前以降であるが，世界の花こう岩はその多くが億年単位の先カンブリア時代に形成されたのである。加えて変動帯に位置する日本列島の花こう岩は比較的短期間の地殻変動で隆起したものであり，活断層の影響も受けて，岩体としても脆いところがある。花こう岩は地下深部でゆっくり冷えて固まった岩石であるが，高い山々にも見られることから，岩体が受けてきたエネルギーの大きさは想像がつくだろう。

　風化花こう岩だけが土砂災害の地質の原因ではない。新第三紀とよばれる，ちょうど日本列島が誕生した頃の海底に堆積され，現在陸地となっている砂岩，泥岩層の地層が水の影響を受けて崩壊しやすいところがある。より詳しく説明すると，これらの地層に含まれている粘土鉱物が水を吸って崩壊しやすくなる性質（膨潤性）による。地層が火山性の堆積物であったり，異なった岩体の地層と地層との境界が水の影響を受けて，重力によって上の地層がすべりやすくなったりすることもある。大規模な火山噴火の衝撃によって，山体崩壊が発生する場合もあり，さらに地震の衝撃によっても大規模な崖崩れなどの斜面崩壊が発生する。

　以上は地質的な原因であるが，気候や気象的な原因によっても土砂災

害は発生する。日本列島の大きな特色は温帯モンスーンに属しているため、年間を通しての降水量は大きい。特に台風や前線の発達によって、短時間に降水量が増え、集中豪雨となることが多い。近年では、上昇気流により、積乱雲が次々と形成（バックビルディング）されるなど、線状降水帯をつくり、これが土砂災害発生の大きな原因の一つとなる（p.61参照）。また、雪の多い地域では、豪雪が溶け始めた頃に、雪崩地すべりが発生することもある。

これらは自然現象によって土砂災害が発生する原因であるが、土砂災害を引き起こすのは人的な要因もある。自然原因によって土砂災害が発生しやすい場所は、従来、人が住まない場所が多かった。新たな住宅地の造成など、高度経済成長の時期に都市域が拡大するにつれて、丘陵地や山間部まで宅造地が開発されてきたことも、近年の災害発生の原因である。尾根部分を削って、その土で、谷部分を埋め、土地を平坦化し宅地を造成する。このことは日本ではよく見られる開発であるが、谷部分は水の通り道という「土地の履歴」があり、豪雨の時は土砂災害が発生しやすくなる。その例として、2021年7月に発生した静岡県熱海市の土砂災害が挙げられる（図1）。これは、犠牲者28名、住家被害は98棟に及ぶ惨事となった。被災地域は土砂災害警戒区域に指定されていた。自然要因としての豪雨や地形に加え、被害の拡大原因として、上流山間部の違法盛土の崩壊、国や自治体の盛土規制と大量の違法盛土の問題が明確になり、盛土規制の強化へとつながった。

図1　2021年7月に発生した静岡県熱海市の土砂災害の跡

土砂災害は土石流，地すべり，崖崩れなどによって分けられることが多い。これらの災害は人家が近くにあると甚大な被害が発生する。まず，この代表的な3つの土砂災害について簡単に触れる。

## (2) 破壊力の大きい土石流

土石流は，巨石を運搬することも多く，大きな破壊力を持っている。集中豪雨等で河川が流れる谷筋では周辺の岩石を取り込んで，先端部に巨礫が集中して，ほぼ自転車と同じ速度（約時速20km〜40km）で下方を流れる。例えて言うとハンマーのような形態になり，これが樹木をなぎ倒したり，人家を倒壊させたりする（図2）。土石流の流れた後は，あたかも大蛇が通ったような状況から，「蛇抜け」などと呼ばれることもあった。図3は長野県南木曽の土石流災害の後に建てられた「蛇抜けの碑」であり，「乙女の嘆き」とも呼ばれ，土石流の花こう岩からできている。「日本書紀」に登場する八岐大蛇（やまたのおろち）は，土石流

図2　土石流のモデル図
「土砂災害の種類と前兆現象」
（内閣府政府広報室
Webサイトより）

図3　長野県南木曽の土石流災害の後に建てられた「蛇抜けの碑」
（乙女の嘆き）

が発生した後の状況から考えられたと言われている。さらに，この八岐大蛇を退治した時，尻尾から三種の神器の一つ「草薙剣（くさなぎのつるぎ）」が出てきたことは，出雲地方のたたら製鉄とも関連して考えられる。八岐大蛇に見立てた土砂災害を防ぐための工事を施したのが鉄を有した技術集団とも示唆できないこともない。その技術集団は大陸から日本にやってきたと言えるだろう。

土石流の流れた後については，明治の日本の治水事業に功績のあった

お雇い外国人ヨハネス・デ・レーケ（オランダ）の有名な言葉が残っている。富山県・常願寺川の治水工事前に，土石流災害の状況を見て，「これは川ではない，滝だ」との名言である。日本の河川は他国の河川に比べても急勾配であり，急流では，増水時，巨石の運搬能力は高くなる。図4で示したように，常願寺川は，その日本の河川の中でも河川の傾斜が著しい。

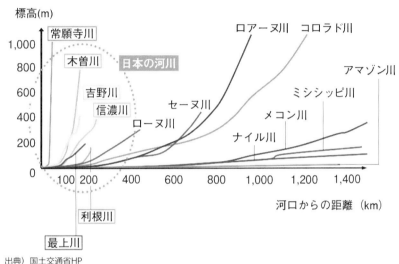

出典）国土交通省HP
https://www.mlit.go.jp/river/toukei_chousa/kasen_db/pdf/2021/2-2-1.pdf から引用
図4 「各国と日本の河川縦断勾配の比較」（国土交通省Webサイトより）

　図5は2014年，2018年広島県での土砂災害によって生じた土石流の跡と上流の状況である。「平成26年8月豪雨」と命名された豪雨によって，広島市では死者77名もの犠牲者を出す甚大な土砂災害が発生した。線状降水帯が発生し，広島市安佐南区や安佐北区では，時間雨量87mm～121mm，3時間降水量は200mmを超えた。花こう岩地帯の地質や地形の影響もあり，大規模な土砂災害が166か所（うち土石流107か所，がけ崩れ59か所）に発生した。

図5 2014年，2018年広島県で生じた土石流の跡と上流の状況

　死者・行方不明者700名を生じた1938（昭和13年）の阪神大水害の様子は谷崎潤一郎「細雪」の中でも，次のように記されている。「六甲の山奥から溢れ出した山津波なので，真っ白な波頭を立てて怒濤が飛沫を上げながら後から後から押し寄せ来つつあって，あたかも全体が沸々と煮えくり返る湯のように見える」。当時，谷崎潤一郎は周辺（住吉村）に住んでいたため，この災害を切実に感じたことと考えられる。現在，流域にはこの時の土石流で運搬された花こう岩に文字を刻み，記念碑として建立されている。

### (3) 大規模な広さに達する地すべり

　地すべりは急激に発生することもあるが，ゆっくりと土地を移動することも頻繁に見られる（図6）。大規模に広がることもあり，大阪府柏原市亀の瀬地すべりのように，工事が長期間，継続的に行われることも珍しくない。ここでは，大規模に地すべりが発生したために，かつての国鉄関西線（現JR関西線）が，大和川の対岸に付け替えられたこともあった。これは，現在の地形図においてJRが大和川を不自然に横切っていることからも読み取ることができる。そもそも「亀の瀬」と呼ばれる地名がかつての地すべりを表しているとも言われる。

図6 地すべりのモデル図
「土砂災害の種類と前兆現象」
（内閣府政府広報室Webサイトより）

地すべりについても、その防止をめぐっては、土石流と同じく様々な伝説が各地に残っている。そのうち上越市板倉地域では昔から地すべりが多く、これも大蛇と関連して、旅の僧が地すべりを止めるために自ら人柱になったという伝説が

図7　地すべり人柱供養堂（新潟県上越市）

あった。その後、地中から甕の中で座禅を組んだ人骨が発見され、伝説が本当のことであったことがわかり、人柱供養堂が立てられた（図7）。ここでは「すべり止め」のお守りも販売され、多くの受験生が購入している。なお、上越市板倉は近年でも雪崩地すべりが生じ、集落付近まで、多量の雪崩による雪や土砂が接近し、多くの住民が避難して全国から注目を集めることにもなった。

　一方、「田毎（たごと）の月」という言葉で使われる棚田は地すべりによってできた地形であることが多い。図8は、地すべりによって生じた棚田である。左図の棚田は新潟県十日町市の星峠から眺めたもので、これは「棚田百選」にも選ばれている。また、右図も「棚田百選」の一つ、国指定文化財名勝、世界農業遺産でもある「白米千枚田」である。ただ、令和6年能登半島地震によって、景観は大きく損なわれ、現在は

図8　地すべりによって生じた棚田

復旧中である。なお,「棚田百選」の内で最も多いのは長野県で,16 選である。

## (4) 様々な状況での崖崩れ

山間部で大規模な地震動がきっかけとして,崖崩れが生じ,斜面災害が発生することもある（図9）。2004 年中越地震では,広い範囲で斜面崩壊が生じ,道路が塞がれ集落が孤立した地域が生じた（図10）。また,土砂が河川をせき止めて,ダムのように集落が水没してしまったところもある。

図9　崖崩れの可能性が高い急傾斜地のモデル「土砂災害の種類と前兆現象」（内閣府政府広報室 Web サイトより）

図10　2004 年中越地震での斜面崩壊の様子（旧山古志村）

## (5) 土砂災害へのハード面,ソフト面の対策

このように日本列島で,土砂災害が非常に多く発生する原因として,地質・地形,気候・気象などの自然条件の影響が大きいだけでなく,複数の自然条件が重なっていたり,場合によっては,人間の接近や働きかけが災害の拡大につながったりすることもある。

土砂災害に関しても,その防災や減災としては,砂防ダムや堰堤はじ

め様々な建設物等でのハード面が挙げられる。さらに，過去の災害を知り，教訓を後世に残すための教育や啓発などのソフト面によって住民に地域の危険性を知らせたり，早目の避難を意識させたりすることも重要となる。図11は広島土砂災害後に建設が進められた堰堤と，2023年に被災地近辺に開館した「広島市豪雨災害伝承館」である。

図11 広島土砂災害復興へのハード面，ソフト面の取組

　土砂災害への対応を自然景観と調和させた試みもある。広島県には日本三景の一つとして宮島（厳島）があり，厳島神社には多くの観光客が訪れる。しかし，厳島神社の背後も花こう岩地帯であり，上流域となる山体には，風化花こう岩の巨石が見られる。台風などの豪雨時には，これまでも土石流によって厳島神社近辺は大きな被害を受けてきた。しかし，景観との調和のために，河川には一見，砂防施設とはわからない庭園堰堤が築かれている。これらは紅葉谷川庭園砂防施設と呼ばれ，2020年に戦後の土木施設として初の国重要文化財に指定された（図12）。

図12 日本三景宮島の後背地の花こう岩と砂防堰堤

# 5 豪雪, 雷, 竜巻などによる様々な気象災害

## (1) 豪雪

### ①日本列島の半分を占める豪雪地帯

　太平洋側に住む人をはじめ, 多くの人にとっては意外かもしれないが, 日本列島の面積の約51%は豪雪地帯に指定されている。豪雪地帯とは, 豪雪地帯対策特別措置法に基づく指定要件で, 豪雪地域が一定の割合を占める, 冬期に大量の積雪がある地域のことを示す。北海道から山陰までの24道府県が対象となっている。図1は, 豪雪地帯及び特別豪雪地帯指定図である。豪雪地帯には総人口の約15%を擁し, 日本の経済社会において重要な地位を占めている。ただ, 毎年の恒常的な降積雪によって, 住民の日常生活や産業の活性化に影響を与えてきた。

　一方で, 豪雪は日本海側や北海道の文化や伝統をつくってきたのも事実である。ウインター・スポーツやレジャー, さらには後述のように観光にも活用されるようになっている。

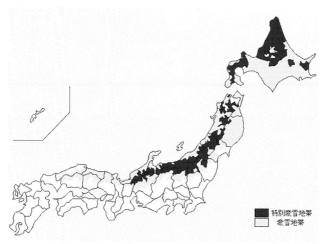

図1　豪雪地帯及び特別豪雪地帯指定図
　　（全国積雪寒冷地帯振興協議会 Web サイトより）

## ②豪雪による被害

　豪雪によって日常生活に被害が生じ，重大な自然災害となる場合もある。交通の遮断，立ち往生による車両滞留や雪下ろし中の事故など，様々な問題が発生する。さらに，豪雪地域では融雪期の春先には，地すべり（特に雪崩地すべりと呼ぶ）などが生じる。

　気候変動の影響もあり，最近では豪雪によって生じる犠牲者は減少しているように見える。しかし，かつては甚大な被害が生じた。近年に，死者が100名を超えた豪雪の事例を挙げる。1963年「昭和38年1月豪雪」（豪雪の名称は気象庁による。以降も同様）では，北陸地方を中心に，犠牲者231名，負傷者356名を生じた。この時，交通網としての鉄道は止まり，道路は閉塞され，除雪が追いつかず，多数の集落が孤立した。1977年「昭和52年豪雪」では，北海道・東北地方・北陸地方を中心に大雪となり，死者101名，負傷者834名の人的被害が生じた。1981年「昭和56年豪雪」では北陸など日本海側で大雪となり，死者152名，行方不明者19名の犠牲が生じた。1984年「昭和59年豪雪」でも北海道の日本海側や北陸地方が大雪となり，131名の犠牲者が生じた。ここで記した豪雪はいずれも激甚災害に指定されている。

　最近でも2006年「平成18年豪雪」では，12月から1月上旬にかけて非常に強い寒気が大陸から日本付近に南下し，強い冬型の気圧配置が断続的に現れ，日本海側では記録的な大雪となった。各地で積雪の12月としての最大記録を更新するとともに，東日本と西日本では12月の月平均気温が戦後最低となった。日本海側の山沿いを中心に大雪となる日があったため，屋根の雪下ろしなどの除雪中の事故や落雪，倒壊家屋の下敷きになるなど，死者152名，負傷者2,145名の人的被害が発生した。加えて家屋の損壊や交通障害，電力障害など様々な被害が生じた。

　歴史的には，冬の豪雪地帯に大地震が発生し，犠牲者数が多くなった事例もある。1666年2月1日（寛文5年12月27日）越後高田地震（現新潟県上越市）であり，この地震では高田城はじめ城下でも被害が大きく，死者も1,500名に達したとされている。近年でも，1961（昭和36）

年2月2日に発生した「長岡地震」では，地震の規模の割には全壊した家屋が多く，犠牲者も生じた。なお，この1961年の豪雪では，北陸地方で犠牲者が119名であった。

③豪雪の原因

先述のように，歴史的にも日本海側では豪雪によって大きな被害が繰り返し生じてきた。ここで，その理由に触れる。冬は大陸の低温な地表面で冷却されてシベリア高気圧が形成される。これが張り出すことによって，冬型の典型的な「西高東低型」の気圧配置となる。この北西から気圧の低い南東に向けての季節風は，冷たく乾燥しており，暖かい日本海を通過すると大量の水を吸収する。それが日本海に面した山々に衝突すると積乱雲が発達し，多量の降雪となる（山雪型）。また，日本海の上空に強い寒気があったり，季節風が弱かったりした場合には海岸部から平野部でも大雪となる（里雪型）。そのメカニズムを図2に示す。

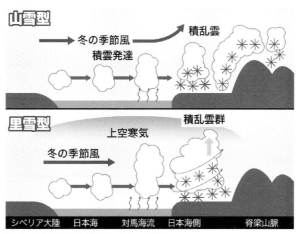

図2　日本海側の豪雪のメカニズム
（ウェザーニュースWebサイトより）

新潟県上越市は日本有数の豪雪地帯であり，1945年2月16日に記録した3m77cmは気象庁によると日本で観測史上7位である。上越市の板倉区は特別豪雪地帯に指定されており，山間部の柄山集落では1927年2月に8m18cmの積雪深を記録したモニュメントが建てられている

図3　現在の高田城三重櫓と豪雪モニュメント（新潟県上越市）

（図3）。なお，同年2月に，滋賀県米原市の伊吹山測候所で観測した11m82cmの降雪は日本1位であり，世界1位とも言われている。

④豪雪地帯の暮らしと観光資源としての雪氷

　繰り返しになるが，豪雪は様々な災害につながることもあり，地域の生活や経済活動に支障をきたすことも度々見られる。しかし，雪国特有の生活の工夫や産業など，日本の文化や伝統に影響を与えてきたことも多い。春の豊富な雪解け水は農業以外にも使用され，JR東日本は新潟県内に3つの水力発電所を持ち，首都圏のJRに電力を供給している。

　また，伝統的な雪まつりだけでなく，近年では，数々の雪氷に関するイベントが観光資源として国内外からの集客力にも繋がっている。札幌の都心部である大通公園を中心に，大雪像をはじめ中小雪像，市民雪像などが精緻に築かれる「さっぽろ雪まつり」が有名であるが，最近では各地において，雪面を巨大なスクリーンとしてデジタル映像を活用し，

図4　「さっぽろ雪まつり」の雪像

多くの観光客を楽しませている（図4）。

さらに、雪氷も観光対象となりつつある。例えば、オホーツク海では、砕氷船に乗って間近に流氷を観察することができる。支笏湖では、氷の芸術とも呼ばれる「氷濤まつり」が開催される（図5）。

図5　砕氷船での流氷見学と支笏湖氷濤まつり

## (2) 雷

### ①雷発生のメカニズム

規模は必ずしも大きくないが、毎年のように犠牲者が報告されているのが、落雷による事故である。落雷のメカニズムも上昇気流の発生による。図6のように粒子同士のぶつかりによって、マイナスとプラスの電気が生じる。上層にはプラスの電荷、下層にはマイナスの電荷と別れる。そのため雲と雲の間で放電したり、プラスとなった地上との間に放電が発生し、地上に落ちたりする（図7）。後者では、落雷時の電圧は200

図6　雷が発生するメカニズム
　　　（tenki.jp「知る防災」より）

図7　落雷と雲放電
　　　（tenki.jp「知る防災」より）

76

万～ 10 億ボルト，電流は 1 千～ 50 万アンペアにも達する。高圧高温の電圧・電流が地上を直撃すると火災が起きたり，周辺に人がいた場合には死傷者が生じたりする。

また，落雷には，直撃だけではなく，他の物体を介した側撃もある。そのため，大雨時の雨宿りとして，大木の近くに避難する人も見られるが，同時に雷鳴が聞こえる場合は非常に危険である。雷のときは，できる限り早く，建物や車の中に避難することが安全である。

### ②雷による被害

落雷によって，多くの高校生の命が奪われた例がある。1967 年 8 月上旬に，長野県の西穂高岳付近を登山中の高校生の集団が落雷に遭い，生徒 8 名が即死，生徒・教員など 13 名が重軽傷を負い，生徒 3 名が行方不明となる大事故が発生した。これは，長野県松本市の高校生の登山パーティーが，北アルプスの西穂高岳で集団登山を行っている時に天候が悪化し，雹まじりの激しい雷雨となったため避難を始めたが，その途中に雷の直撃を受けたことによる。当時の落雷事故では，一度にこれほどの死者・負傷者が生じたことはなかったため，全国に衝撃を与え，長野県では，登山行事を一時的に中止，廃止した学校が見られた。

山だけでなく，校庭や競技場に落雷した例もあり，雷事故に対する最高裁の判決が学校教育現場の対応を変えたこともある。1996 年 8 月，大阪府高槻市でサッカーの試合中，高校 1 年生（当時）が落雷の直撃を受け，一生ハンディを抱える障害を負った。家族らは主催者と引率顧問を訴え，1 審 2 審では落雷の予見は不可能とされたが，最高裁では予見は可能であったと，主催者と顧問の責任を認めた。最高裁での指摘通り，黒雲は落雷の危険性を予想できると捉えられ，この判決以降，教室外での教育活動，例えば，運動会・体育祭，グランド内の活動は，雨が降っていない場合でも，雷鳴が聞こえると一旦中止することになっている。

## (3) 突風と竜巻

突風には，竜巻，ダウンバースト，ガストフロント，つむじ風などが

ある. 特に竜巻, ダウンバースト, ガストフロントでは, 大きな被害が生じることも珍しくない. これらの発生はいずれも積乱雲に伴うものである. 上昇気流によって生じる激しい渦巻きが竜巻であり, 多くの場合, 漏斗状や柱状の雲を伴う. 被害域は, 幅数十～数百 m であり, 長さ数 km の範囲に集中するが, 数十 km に達することもある. ダウンバーストは, 逆に積乱雲からの下降気流によって生じる. 図8で示したように積乱雲から吹き降ろす下降気流が地表に衝突して水平に吹き出す激しい空気の流れである. 吹き出しの広がりは数百mから十km程度で, 被害地域は円形あるいは楕円形など面的に広がる特徴がある. ガストフロントは積乱雲の下で形成された冷たく重い空気の塊が, その重みにより温かく軽い空気の側に流れ出すことによって生じる. 水平の広がりは竜巻やダウンバーストより大きく, 数十 km 以上に達することもある.

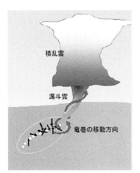

図8　主な突風の種類：竜巻, ダウンバースト, ガストフロント（気象庁Webサイトより）

じん旋風やつむじ風も, 風が地面に当たることや, 上昇気流によって生じる. 積乱雲とは関係なく, 強い日射によって地面が暖められて上昇することもあるが, 規模は小さく, ほとんどの場合, 災害には至らない. つむじ風は, 校庭などで見られることもある.

竜巻などの激しい突風をもたらす現象は水平規模が小さく, 既存の風速計から風速の実測値を得ることは困難であるが, 1971年にシカゴ大学の藤田哲也博士により, 竜巻などの突風により発生した被害の状況から風速を推定する藤田スケール（Fスケール）が考案された. 藤田スケー

ルは，日本の建築物等の被害に対応しておらず，被害の指標が9種類と限られているなど，大まかな風速しか評定できないこともあった。そこで気象庁は，藤田スケールを改良し，「日本版改良藤田スケール（JEFスケール）」を2015年12月に策定し，翌年4月より突風調査に使用している。被害指標が，藤田スケールでは，住家，ビニールハウス，煙突，自動車，列車，樹木等の9種類に限られていたが，JEFスケールでは住家や自動車等が細分され，自動販売機や墓石等を加え30種類としている。2024年4月から指標に船舶を追加し，31種類となった。

## (4) 気候変動と干ばつ

　水害とは逆に，長期間ほとんど雨が降らず，土壌が著しく乾燥した状態である干ばつは，農作物などに大きな影響を与え，干害の発生につながる。今後の干ばつによる被害の拡大も懸念されている。例えば，気候変動に関する政府間パネル（IPCC）第6次評価報告書（2022年）では，「人為起源の気候変動は世界中の全ての地域で多くの極端な気象と気候に既に影響を及ぼしている。熱波，大雨，干ばつ，熱帯低気圧などの極端現象について観測された変化に関する証拠，及び，特にそれらの変化が人間の影響によるとする要因特定に関する証拠は，第5次評価報告書以降強まっている」と干ばつが熱波とともに記載されている。

　干ばつには，降水量の不足を原因として，連鎖的に発生するいくつかのタイプがある。降水量が平均より少ないと「気象干ばつ」が発生し，植物の生育阻害や森林火災などの懸念が生じる。「気象干ばつ」が続くと，土壌水分量の低下から「土壌干ばつ」「農業干ばつ」となり，農業や畜産などに被害が及ぶ。これが継続すると，地表面水や地下水量等に影響を与えることで「水文干ばつ」をもたらし，水資源供給の障害となって生活・工業用水などを不足させ，社会に大きな影響を与える。つまり，すべての干ばつは「気象干ばつ」から始まり，「気象干ばつ」の発生期間の長さが人間活動に影響を与えるため，今後の気候変動の影響も危惧される。

## COLUMN 02
## 自然災害と学校の悲劇

　2011年の東日本大震災では，園児・児童・生徒・教職員など教育関係者が600名以上も犠牲となった。中でも石巻市立大川小学校のように，児童74名（2名は学校外），教員10名，合わせて84名の尊い命が一つの学校で失われたのは衝撃であった。

　最高裁決定においても，学校側の責任が問われた。その一部を記すと「校長らは知識や経験を収集，蓄積できる立場にあり，高い確率で発生が想定された地震により発生する津波の被害を受ける危険性を予見することは可能であった」，さらに「津波ハザードマップ等は，児童生徒の安全に直接関わるものであるから，独自の立場からその信頼性等について検討することが要請されていたというべきである」とし，子どもたちの安全を確保するために，教師が独自の立場から情報を批判的に検討する必要があるとした。

　この判決を受け，宮城県としては「より高いレベルでの危険性の予見とそれに基づくマニュアルの策定等の事前防災など，学校防災体制の再構築が求められていることから，県内全ての学校でそうした体制が整備され，児童生徒の命を守ることができるよう，県・市町村・市町村教育委員会をはじめ，地域防災関係機関や研究機関の専門家等が連携して今後の取組について検討し，随時実施していくこととする」としている。この認識と姿勢は，その後の国や各地域でも同じである。子どもたちの尊い命を自然災害から守るための教訓としたい。

震災遺構としての石巻市立大川小学校

ランドセルは見つかったが女児は未だ不明

## 第3章

# 自然災害を取り扱った授業展開例

# 持続可能な社会を目指した「自然と人間との関わり」の学び

## (1) 地球の歴史・成り立ちから考える「災害に結び付く自然現象」

　自然災害，防災教育を学ぶ上で，まず，地球の歴史を知ることが重要である。なぜなら，地球の活動史そのものが大規模な自然災害史と言えるからである（人類が存在していれば）。地球誕生期にはマグマオーシャンが存在し，その後に海洋となる。38億年前に最初の生命が誕生し，人類の登場に至るまで長時間を要した。地質時代は，古生代や中生代などの時代に区分され，各時代はカンブリア紀，ジュラ紀など，さらに細分されている。地質時代の境界は，大規模な火山活動，隕石の衝突や気候変動など，生物の絶滅につながる劇的な地球環境の変化と関連しており，地球史は，まさに生命体にとっての自然災害史とも言える。

　ドラスティックな環境変化は地球からみると通常であり，すべての生命はこれを経験し，進化，発展，絶滅を繰り返しながら生態系を維持してきた。一方，人間の誕生は，46億年の地球史ではたかだか200万年前（地球の歴史の1/2,300）に過ぎず歴史は浅い。自然との関係を考えると，人類は自然と共存するために地球史を学び続けなくてはならない。

## (2) 災害列島という地学的背景が日本の理科教育に与えた影響

　動的な変化を続ける活動は地球上どこでも一様ではない。日本列島は世界でも有数の変動地帯であり，プレートの影響を受け，地震や火山活動が頻繁に生じる。各地で起こる地震や火山噴火，加えて暴風・豪雨などによって，日本では有史以前から，様々な自然の災いと恵みによる独特の自然観が存在した。「八百万の神々」という言葉は，日本人が自然

事象に畏敬の念を抱き，西洋とは異なる日本独特の文化と伝統を培ってきたプロセスが生み出したものである。「自然に親しむ」や「自然を愛する」という学習指導要領中の言葉はそのような自然観の表れであろう。

　繰り返される自然災害によって多くの尊い人命や家屋，地域が奪われることもあった。被災者・関係者からすると「自然の恵み」の意識からはほど遠い。しかし，日常生活を支える食料，電気，ガス，水道や空気に至るまで，すべては自然からもたらされている。観光地や景勝地の壮大な景観は，過去の大規模な地殻変動や火山活動でもたらされたものも少なくない。心身を癒してくれる温泉も自然からの直接的な恵みである。

　私たちは日常の平穏な時に自然の恵みに感謝しつつ，突然起こる自然の災いに備える必要がある。自然がもつ二面性を理解することは自然と人間との関わりの学びの基本である。また，自然災害につながる自然現象を防ぐことは不可能なため，いかに被害を最小限にするかの「減災教育」が重要である。「減災教育」は広義の「防災教育」に含められる。

## (3) 防災教育の課題や難しさ

　防災教育は，自然災害の科学的な認識，災害リスクの評価と備えが重要であるが，その課題・難しさは学校教育と学校外での社会教育の双方に存在している。また，その根底には，地球時間と人間時間との感覚の大きなずれがある。そこで，理科教育の地球（地学）領域では，時間概念・空間概念の科学的な理解を大きな学習目標として掲げている。防災教育は，そのような概念獲得に向けての教育方法の一つである。

　学校教育の課題は，地震，火山，津波，大雨など「災害につながる自然現象の種別ごとの科学的な認識・理解」，及び「地域の地形・地質特性に応じた適切な備え」が十分でないことである。小学校4年と5年に「流水」に関する単元，6年と中学1年に「大地」に関する単元があり，近年は自然災害の扱いが増えてきたと言える。しかし，多くの学校で教科学習と避難訓練などの学校行事とが連動していない。科学的な理解に基づく訓練の実施は，災害時に効果が期待されるだろう。

地域の課題は，大都市や中核都市と地方の集落とでは，状況が異なることである。大都市は人口も多いが，地域での組織や運営が脆弱であり，災害時に重要な「共助」を担うべき隣近所のつながりが弱いことが指摘されている。一方，中山間地の農村部や沿岸地域の漁村などでは人口減と高齢化が重なり，防災訓練まで手が回らない。自主防災組織などを支援している行政や自治体もあり，防災のための学習会や避難訓練を活発に実施している地域もあるが，多いとは言えない。

　学校と地域での防災教育の実態を述べてきたが，提案したいのは，学校と地域との連携である。文部科学省では，学校教育の充実を目指し，現在の学習指導要領のすべての基盤となる考えとして「社会に開かれた教育課程（文部科学省，2017）」を掲げている。これまで学校主導で地域との関わりをつくってきたものを，地域と学校とが共同して企画・運営し，その教育を子どもたちに提供しようというものである。つまり，「防災教育」を「社会に開かれた教育課程」として意識し，子どもたちを含めた地域全体が一体となり「取り組み学べる場」とすることが，地域の防災力の向上につながると期待する。自然災害が発生すると学校は避難場所になり，地域の拠り所となることが多いのでなおさらである。

## (4) 防災意識の向上に向けて

　取り組むべき防災教育として，その教育内容や，学校と地域との連携の推進は必要であるが，最も重要なのは個々の「防災意識」の向上である。この「防災意識」も地域ごとに大きな差がある。内閣府（2016）の調査結果によると太平洋側に比べ，日本海側に住む人たちの意識は低くなっている。これは，大規模な海溝型地震が想定されている太平洋側では，災害がより自分事となっている表れであろう。災害はいつ，どこで発生するかわからないため，日本全体で防災意識を上げていく必要がある。大人も日常の生活場所以外で災害に遭ったり，特に子どもは将来生活する場所が子どもの頃と異なったりすることが想定されるからである。

　では，防災意識の向上に向けての最善の教育とは何であろうか。効果

が高いと思われる順に列挙する。

## ①実際に自然災害を経験する

　これは教育の方法ではなく，意図せずに災害に遭遇し，身近な人や資産を失ったり，自身の体や心に大きな傷跡が残ったりすることもある。必然的に防災意識は高くなるが，直接的な経験がなくても防災教育で想像力を高めることは可能である。

## ②被災者による体験談の拝聴

　被災者による直接的な話は，実感を伴って他者の心を揺さぶるため，自分事として考える防災意識の向上に効果的である。

## ③映像や写真を用いた学習

　専門家などの防災に見識の深い人から，写真や映像を用いた講習を受ける。その地域で起こったものであれば，より教育効果が高くなる。

## ④災害・防災模型を用いた実験や観察

　水害や火山災害などのモデル教材を開発し，それらを用いた実験授業を実施する。科学的なメカニズムの理解から防災意識の向上につなげることが期待できる。ハザードマップと組み合わせて行うことも大切である。

## (5) 持続可能教育（SDGs/ESD）の中での防災教育

　「持続可能な開発目標（SDGs）」は，小中学校でも各教科で取り上げられている。また，「持続可能な開発のための教育（ESD）」も以前から進められてきた。SDGsが求められるのは，気候変動をはじめとする地球環境問題，エネルギー問題，加えて社会・経済問題，貧困問題，戦争と平和などにより，人類が将来も地球で持続的に生存可能か危ぶまれているからである。そのような諸課題の解決に向けての具体的な柱の一つがSDGsのゴール11「住み続けられるまちづくり」である。この目標には，災害に対する強靭性（レジリエンス）が明記されており，防災教育につなげることはゴールの実現に効果的である。理科教育を核としながらも現代社会の課題解決の一つとして，SDGs/ESDの一環である「防災意識の向上」を念頭とし，教科の枠組を超えた防災教育を推進，指導，普及することが重要であろう。

**小学校中学年**
**雨水の行方と地面の様子①**

# 流域の概念から水循環について考え，水の豊かさを知ろう

## 授業のねらい

　森を起点とし，河川・湖から海を含めた水系全体を捉えることを通して，「流域」の概念を理解する。また，太陽エネルギーによって水が循環していることについて考え，水の恵みに気付くことができるようにする。

## 授業づくりのポイント

　本単元は第4学年「雨水の行方と地面の様子」の内容を学んだあとの発展的な課題として位置付ける。「①水は，高い場所から低い場所へと流れて集まること，②水のしみ込み方は，土の粒の大きさによって違いがあること」を既習しており，それを踏まえて授業を行う。

　「水は高い場所から低い場所へ流れて集まっている」という知識を活用し，河川の下流や湖，海の水がどこから集まっているかを考える。そして，陸地への降水が河川を通じて海に注ぎ，それがまた水蒸気となって循環するということに気付くようにする。

　本時の学習を通して，カリキュラム・マネジメントの視点から，他教科，例えば社会科の「くらしをささえる水」などの学習へとつなげる。降水は豪雨による水害などのリスクもあるが，水の循環が植生や生態系の豊かさを生み出し，人間の生活を支えていることにも気付かせ，自然の二面性を捉えられるようにしたい。

## 学習指導案 第6時（全6時間）

| 時間 | 子どもの学習活動 | 教師の指導・支援 |
|---|---|---|
| 5分 | 1 「雨水の行方と地面の様子」で学習した内容を振り返る。 | ・運動場での水の流れ方を示した写真と，雨水のしみこみ方の実験の結果を見せて，既習事項である「①水は，高い場所から低い場所へと流れて集まること ②水のしみ込み方は，土の粒の大きさによって違いがあること」を想起できるようにする。 |
|  | 2 問題を見いだす。 | ・地域の河川，湖・海の写真や映像を見せて，この水がどこから来ているのかを予想し，学級全体で問題を見いだす。 |

> **問題** 自分たちの住んでいる地域の雨水の行方はどのようになっているのだろうか。

| 時間 | 子どもの学習活動 | 教師の指導・支援 |
|---|---|---|
| 15分 | 3 自分たちの住んでいる地域で降った雨がどこからきているのかを予想し，地形図をもとに雨水の行方を考える。 | ・住んでいる地域の地形図をもとに，矢印で水の流れる方向を表す（グループワーク）。<br>・考えが浮かびにくいグループには地域の立体地図やインターネットの3D地図を活用して，イメージしやすくする。 |
| 10分 | 4 グループワークで考えた結果を学級全体で交流し，考えの共通点を探る。 | ・それぞれグループワークで考えた結果を全体で交流させる。<br>・グループごとの考えを比較し，どのグループも山の頂上や尾根付近から水が流れてきていることを確認する。 |
| 5分 | 5 河川や湖に集まった水が海まで流れ着くことを確認する。 | ・「水は，高い場所から低い場所へと流れて集まること」の知識を活用して，地図を見ながら，河川や湖の水が最終的には海に流れ着いていることに気付けるように促す。<br>☆内閣官房水循環政策本部事務局作成の動画を活用することができる。 |
| 3分 | 6 動画教材等から，河川や湖の水には「流域」という概念があること，そして水が循環していることを知る。 | ・動画教材でなくても，資料やWebサイトで確認することも可。 |

3

自然災害を取り扱った授業展開例

|   | 7 学習のまとめをする。 | ・雨水は豪雨によって水害につながることもあるが、循環し流域には必要であり恵みをもたらすということをまとめる。 |
|---|---|---|
|   | **結論** 河川や湖の水には「流域」があり、集まった水は海に流れて、また雨水となり循環している。 ||
| 7分 | 8 振り返りを行う。 ||

## 授業展開例

　本時では、日本最大の湖である琵琶湖を有する滋賀県の特色を生かす。琵琶湖に注ぐ水の範囲、すなわち琵琶湖全体の流域について、既習事項である「水が高い場所から低い場所へと流れて集まること」の内容から考える。

　具体的には、国土地理院 Web サイトの標高地形図（図1）を使い、標高によって色分けされた滋賀県を見て、降った雨がどこに流れ込むかということを、グループ活動を通して確認する。グループ活動では矢印の形をしたシールを標高地形図に沿って貼っていく（図2）。どのように流れるかイメージがしにくい場合は、立体地図なども利用して考える（図3）。各グループの標高地形図を板書に並べて掲示し（図4）、各グループの考えから、滋賀県で降った雨の多くは、琵琶湖に集まっていること

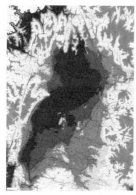
図1　滋賀県の標高地形図

図2　グループ活動の様子

を互いに気付く。そして，降った雨が河川などの水系に集まる範囲のことを「流域」と呼ぶことを確認する。

図3　立体地図を利用

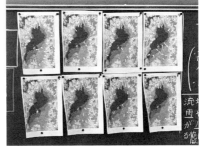

図4　グループの考えを比較

琵琶湖に注がれた水がその後どこに出ていくかを予想し，地図を見ながら確かめる。地図を見ると，琵琶湖の水が淀川を通り，最終的に大阪湾（海）に注ぐことに気付き，そのことを学級で共有する。

そして，動画「水のおはなし」（内閣官房水循環政策本部事務局作成）を視聴し，「流域」についての考え方や水が循環していることを確認する。

最後の振り返りの場面では，水は洪水などによって災害をもたらすが，循環することによって流域に恵みをもたらすものでもあることを捉える。

### 評価について（主体的に学習に取り組む態度）

雨水の行方と地面の様子について学んだことを，水循環と結び付けて考え，水が恵みをもたらすものであり，水を大切にしていこうという思いをもつことができたか，グループ活動での発言などをもとに評価する。

## 02 小学校中学年 雨水の行方と地面の様子②

# 土石流はどのような場所で起こるのか

### 授業のねらい

「雨水の行方と地面の様子」の学習内容と土石流を関係付け、土石流が発生・流下する場所について説明することができるようにする。

### 授業づくりのポイント

山地の多い日本列島では、近年、集中豪雨などを原因として土石流による被害が頻繁に生じている（図1）。しかし、小学校理科では、土石流の特徴や被害について防災・減災教育と関連して取り上げることは多くない。本単元では、子どもたちが、観察・実験を通して、地表面の傾斜と水の流れ方及び砂や泥の粒度による透水性について学習する。

本時では、地形による高低差と流水の働きとの関係を考え、山間地や丘陵地で生じる可能性の高い土石流災害と関係付けて理解できるようにする。そのために、これまでの経験や既習の知識をもとに、土石流はどのような地形（勾配）で発生し、流下・停止・堆積するのかについて話し合いながら協働的に学習を進める。2時間目には、地域で発生した過去の土石流について調べる活動を通して、学習と生活をつなぐとともに、地域の防災に対する関心や安全に貢献しようとする意欲を高める。

図1　2018年西日本豪雨で発生した土石流

## 学習指導案 第5・6時（全6時間）

| 時間 | 子どもの学習活動 | 教師の指導・支援 |
|---|---|---|
| 10分 | 1 土石流発生前後の写真や土石流が流下する動画を視聴し，気付きを共有する。<br>「写真の場所は同じだけど，山が崩れ，木もなくなっている」<br>「水は少ないのに，大きな岩がものすごい速さでたくさん流れてくる」<br>「これは山の中の川？など通常との違いに気付く」 | ・問題意識をもたせるために，土石流発生前後の全景写真などを全員に配付し，気付いた点を話し合わせる。<br>☆国土交通省の「土砂災害関連動画」などに，動画資料が掲載されている。<br>・「もう一回見せてほしい」とつぶやき始めた子どもを何人か指名し，「何を確かめたいのか」全体に問いかけ，動画視聴の視点を共有し，本時の問題につなげる。 |
| 8分 | 2 土石流という言葉を知り，土石流に関する問題を見いだす。<br>「土石流はどんな場所で起こるの？」 | ・土石流について「土砂，岩塊や流木などを多く含んだものが水と一緒に流れ下る現象」であることを説明する。 |

**問題** 土石流はどのような場所で起こるのだろうか。

| 時間 | 子どもの学習活動 | 教師の指導・支援 |
|---|---|---|
| 7分 | 3 予想をする。<br>「写真では山の上の高い場所から低い場所に流れていたね」<br>「水も傾きがある高い場所から低い場所へと流れたから，土石流も地面が傾いているところで起こると思う」<br>「傾きが大きいと，白玉砂利は早く転がると思う」 | ・既習内容の「水は高い場所から低い場所へと流れて集まること」と関係付けて，根拠のある予想を立てさせる。<br>・土石流実験教材を紹介する。地面の角度が0°，15°，30°に変化すると，土石流に見立てた白玉砂利がどのように転がるかを予想させる。<br>・白玉砂利の流れる個数と速さに着目し，予想させる。<br>・白玉砂利の個数や速さを記録するワークシートを配付する。 |
| 15分 | 4 実験し，結果を共有する。<br>・30°のときは，18個全部が速く流れた。<br>・15°のときは，半分ぐらいが，少し速く流れた。<br>・0°のときは流れなかった。 | ・他の班と実験結果を共有できるようにタブレットの活用について助言する。 |
| 5分 | 5 考察し，結論を出す。<br>「予想通り，傾きが大きいと，白玉砂利は早く転がった」 | ・予想と実験結果が一致しているかどうかを比べ，考察させる。 |

3

自然災害を取り扱った授業展開例

| | | |
|---|---|---|
| | 「予想できていなかったけれど，白玉砂利は傾きが大きいとたくさん流れた」 | |

> **結論** 土石流は傾きが大きい場所で起こる。

| | | |
|---|---|---|
| **40分** | 6　地域で発生した過去の土石流について知る。「過去に土石流が発生した谷があった。防災マップを調べると土石流で危険な場所がどこにあるのかわかった」 | • 学習と生活をつなげるために，地域で発生した過去の土石流について調べさせる。<br>• 「重ねるハザードマップ」を紹介し，地域の土石流危険渓流を調べさせる。 |
| **5分** | 7　本時の学習を振り返る。 | • 自分の考え方がどのように変化したか，これから調べたいことなどをまとめる。 |

## 授業展開例

### ●導入

　本時の導入では，土石流の構造と先端部に巨石が集中する特色から，土石流を視覚的に把握できるようにする。まず，山の斜面全体を撮影した土石流発生前と土石流発生後の写真を比較し，次に，土石流が周辺を破壊して流下する動画を視聴する。これにより，子どもは「川なのに，水は少なくて大きな岩や泥が高い壁のように流れてくる」と話し合い，「これ（この現象）は何？」と発言した。そこで，教師は，本現象は土石流と呼ばれていると伝えた。すると，子どもは「土石流は怖い。土石流はどんな場所で起こるのか？」と問題を共有した。

### ●実験

　子どもは，既習内容の「水は高い場所から低い場所へと流れて集まること」と土石流が発生・流下する場所を関係付け，地面の傾きがある場所で土石流が発生・流下するのではないかと予想し，土石流実験教材を活用して予想を確かめた。

▎児童A　地面の傾きが0°では石は動かない。15°だと半分くらい流

れて，傾きが0°になると止まって広がった。
児童B　傾きが30°だと石は全部流れた。流れる速さが速かった。
児童C　予想通り，土石流は傾きが大きい場所で起こりそう。
児童D　写真のように土石流は山の斜面を上から下へ流れてくる。この地域も山があるけど，土石流は起こるのかな？
教　師　県内に発生した土石流をタブレットで調べてみましょう。

県内で発生した土石流災害についてタブレットで調べた後，「自分たちの地域についても調べたい」という声が上がったので，国土地理院の「重ねるハザードマップ」の陰影起伏図から，地域の土石流危険渓流の場所を確かめた。

【参考】

土石流実験教材のストッパーを固定し，アの部分に直径2cm～3cmの白玉砂利を入れて準備する（図2）。谷地形模型側の角度を0°，15°，30°と変化させ，ストッパーを外し，実験する（図3）。

図2　準備

図3　土石流の実験

※ストッパーは，土石流災害を防ぐ砂防堰堤の学習につなげることができる。

## 評価について（思考・判断・表現）

雨水の行方と地面の様子の学習内容と土石流が発生・流下する場所を関係付けて，自分の言葉で説明できたか，学習内容と自分の生活をつなげることができたかを発言やノートの記述をもとに評価する。

# 03 小学校高学年 流れる水の働きと土地の変化①

## 「水害の歴史と治水から身近な川との付き合い方を考えよう」

### 授業のねらい

　身近な河川を例にして、過去の水害や現在の治水と、流水の三作用（侵食・運搬・堆積）とを関連付けて理解を深める。そして、発生する災害の理解や防災の意識を高め、もしもに備えて子ども自らが危険を理解・予測し、主体的に避難行動をとれるようにする。

### 授業づくりのポイント

　本単元では、子どもたちの住んでいる地域を流れる河川を教材として扱う。大まかな水系全体の河川流路（図1）、河川の勾配を表す断面図（2章4の図4参照）や地形図、源流、上・中流、下流の各地点の画像を提示し、川の具体的イメージを膨らませ、各地点に

図1　野洲川の流路全体図（建設省近畿地方建設局琵琶湖工事事務所『野洲川放水路工事誌』を引用、加筆）

ある治水・利水設備の役割を予想する。空間的・時間的な見方などを生かしながらモデル実験を行い、流水の三作用などの知識と、過去の水害の要因や治水・利水設備の役割とを関連付けて捉えることができるようにする。
　そして本時は、単元のまとめとして、水害が発生したときを意識し、子ども自身が自らの命や生活を守るための防災行動に活かそうと考える時間を設ける。

## 学習指導案 第11時(全13時間)

| 時間 | 子どもの学習活動 | 教師の指導・支援 |
|---|---|---|
| 5分 | 1　提示された川の様子から問題を見いだす。<br><br>近い将来に，水害は起こることがあるのだろうか。<br><br>「もっと雨が降ったら起こると思う」「今は技術が発達しているし，今まで大丈夫だったから，起きないと思う」 | ・問題意識をもたせるために，最近の増水時と平常時の川の様子を提示し，様子の変化の大きさを感じ取らせる。これにより，水害の可能性を意識させる。<br>・「あふれそう」や「川岸ギリギリまで水がきている」といったつぶやきを拾いつつ，「でも，水害にならなかったでしょう？」と全体に問いかける。水害の要因を増水以外に気付かせると同時に，本時の問題を見いださせる。 |
| | **課題** 過去の水害の状況を知り，水害が起こる可能性を予測しよう。 | |
| 10分 | 2　実際に生じた過去の水害を知る。<br>・水害が起きた要因について，考えて記述する。 | ・水害発生時の気象状況（降水量や台風，長雨など），氾濫頻度，被害（人的，物的など）を，具体的な数値を用いて伝える。当時の写真や体験談も提示して臨場感を与える。これらにより，降水量，流水の三作用が水害の要因になっていることに気付かせる。 |
| 15分 | 3　水害の状況から要因をグループで話し合う。<br>・どのようなときに，どこで，何が起こり，水害を引き起こすのかを話し合い，ワークシートなどに書き込む。<br>「大雨のときに，堤防が削られて，川から洪水になる」<br>「大雨のときに，運ばれた石や土が下流にたまって，水があふれやすくなる」 | ・各グループに川の全体図（ワークシートもしくは，ICTを活用）を渡す。<br>・書き込んだ川の全体図をもとに，情報を共有する。<br>・堆積作用に子どもが気付かない場合は，天井川を紹介する。 |
| 5分 | 4　将来の気象傾向を知る。 | ・将来，豪雨の降水量，発生頻度ともに増加していく可能性があることを気象庁のデータから，グラフで示す。 |

**3**

自然災害を取り扱った授業展開例

| 10分 | 5 本時の学習を振り返り，今後の学習の見通しを立てる。<br>・今後水害が起こる可能性を，根拠を含めてノートに記述する。 | ・いつでも子どもが3での話し合いの結果を振り返ることができるように，黒板などに掲示しておく。<br>・記述の仕方に戸惑う子どものために，ひな形を用意しておく。 |
|---|---|---|
| | **まとめ** 過去の水害の歴史から，大雨時には，川岸の侵食で破堤したり，運搬されてきた樹木，堆積した土砂の影響で，水の流れる通路がふさがれたりして水害が起こる可能性がある。 ||
| | ・次の時間から，水害から守るための工夫を調べていく。 | ・水害が発生する可能性を知るだけではなく，水害が起きない，被害にあわない工夫の大切さを学ぶように配慮する。 |

## 授業展開例

### ●導入

　本時の導入では，身近な川の最近の増水時と平常時の様子の写真や動画を提示する。「河原が見えないし，あふれそう」や「川岸ギリギリまで水がきている」など，子どもたちは身近な川の普段とは違う様子に気付き，水害を自分事として意識する。その後，これまで経験した大雨を想起し，今後水害の起こる可能性についての問題意識をもつようにする。子どもたちは，過去に水害があったのか知りたいという思いを抱くことが予想される。そこで，これらの思いを尊重しながら，本時の問題を共有する。

　プレゼンテーションソフトを用いて，水害史や当時の気象情報を写真やグラフ，表などで子どもたちに伝える（図2）。水害時の写真を提示する際に，その要因を大雨だけでなく，流水の三作用にもふれて考える

図2　野洲川の水害史のスライド（一例）

ように投げかける。

● **話し合い**

話し合いの場面では，水害の発生時，場所，現象，要因の4つの観点を提示する。話し合いがしやすいように，川全体図を用意する。戸惑うグループに対しては，水害の実際の写真をもとに，川のどのあたりで起きたのか具体的に考えるように促す。

【参考】

図3　平常時（左）と増水時（右）の川の様子

図3のように，同じ地点での平常時と増水時の写真を用意し，違いを比較できるようにする。また，水害に関する記録については，都道府県や市町村のWebサイト，地方史，気象庁の災害時自然現象報告書，河川管理事務所で収集できる。身近な川を教材化したり，視覚資料や体験談を活用したりすることは，子どもたちの学習意欲や防災意識の向上につながる。増水時の写真や画像は，梅雨や台風が過ぎた直後の撮影や資料収集に時間を要するため，計画的な準備が必要であるが，子どもの理解やインパクトに大きな効果が見られる。

**評価について**（思考・判断・表現）

身近な川の水害が生じる可能性を，過去の水害や気象要因，流水の三作用を関連付けて，自分の言葉で推測する。推測の根拠として流水の三作用を踏まえているか，友達と交流する場面での発言や，まとめでのノートの記述をもとに評価する。

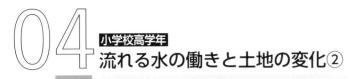

## 04 小学校高学年 流れる水の働きと土地の変化②

# 「水害を防ぐための取組を考え，説明しよう」

### 授業のねらい

　身近な河川を例に，現在も破堤や溢水などによる水害が生じやすい場所があることに気付くとともに，どのようにすれば水害を防ぐことができるかについて「流水の働きと土地の変化」の学習で得た知識を活用し，根拠をもって説明することができるようにする。

### 授業づくりのポイント

　本単元では，まず実際に地面を流れる雨水や川の様子を観察する。観察結果をもとに，時間的・空間的な見方や量的・関係的な見方を働かせながら，川の水量や流れる速さに着目する。それらの条件を制御しながら流水実験を行い，侵食・運搬・堆積の働きを理解するとともに，流水の働きと地形の変化や水害を関係付けて捉えることができるようにする。

　本時では，学習と生活をつなげ，水害対策についての自分の考えを深めることができるように，これまでの経験や既存の知識を活用し，水害を防ぐための工夫について話し合いながら協働的に学習を進める。

### 学習指導案　第13時（全13時間）

| 時間 | 子どもの学習活動 | 教師の指導・支援 |
|---|---|---|
| 10分 | 1　航空写真や資料をもとに気付いたことを話し合う。<br>「どんなところでどのような被害が出ているのだろうか」 | ・問題を意識できるように，身近な河川の航空写真や水害発生時の写真などを配付し，学習内容を根拠として気付いたことを話し合わせる。 |

☆国土交通省の「防災教育ポータル」
などに，授業で使える写真やイラ
ストが掲載されている。

「川の蛇行部の外側の堤防は，流
れの速さによって削る流水の働き
が大きいため崩れ，そこから水が
町に流れ込み水害になった」

「よく「＋」（図１中）の場所が崩
れるそうだから，この場所をどう
すればいいかな」

• 本時の問題を全体で共有させるた
め，「自分たちが住んでいる地域
は毎年，水害が起こる。だったら
どうしたらいいのか？」とつぶや
き始めた子どもを何人か指名し，
発言させる。

• 水害とそれを引き起こした流水の
働きを関係付けるため，流水実験
の結果の写真や結果をまとめたも
のを掲示しておく。

---

**問題** 水害を防ぐために，どのような取り組みをすればよいのだろうか。

---

| | | |
|---|---|---|
| 15分 | 2　個人で考えたことを書く。その後４人グループで意見交流を行い，考えをホワイトボードやタブレットに記述する。<br>• 水害の原因となる流水の働き，それを防ぐ工夫について図や絵で記述する。 | • 各グループの発表が比較できるように，ホワイトボードを黒板に貼り発表させる。<br>• 水害の原因となる流水の働きとそれを防ぐ工夫について話し合わせる。 |
| 15分 | 3　水害の原因となる流水の働きと，それを防ぐ取組について考えを共有する。 | • 他のグループの水害を防ぐ工夫がどのような流水の働きと関係付けているかを考察できるように支援する。<br>• 本時では妥当かどうかが判断できない工夫について取り上げ，その理由を考察するように支援する。 |

---

**結論** 洪水を防ぐためには，川の外側の堤防を強くしたり，川幅を広くしたりすることが考えられる。

---

| | | |
|---|---|---|
| 5分 | 4　本時の学習を振り返る。 | • 地域の水害と流水の働きを関係付けて考えることにより，自分の考え方がどのように変化したか，これから調べたいことなどをまとめる。 |

3

自然災害を取り扱った授業展開例

99

## 授業展開例

●導入

本時の導入では、川の蛇行部外側の堤防が破堤して町に水が流れ込み、水害が発生した様子を示した写真や、川の流路がわかる航空写真（図1）を子どもに配付したり、電子黒板に投影したりする。航空写真は、国土地理院の「地理院地図」や国土交通省の「重ねるハザードマップ」でも見

図1　＋印は破堤した地点
（国土地理院地形図より作成）

ることができる。子どもは、写真と航空写真を関連付け、「堤防が崩れて学校や家が水につかっている」「いつも同じ所が崩れて川の水が流れ込んでいる」「被害の場所は川の曲がったところの外側にある。ここ（図中の＋）が崩れて川の水が入ってきた。やっぱり外側は削る力が大きいからか？」などの気付きを共有した。そして、問題を共有するために、「自分たちが住んでいるこの地域は水害が毎年のように起こっている。どうしたら水害が防げるのだろう」とつぶやいた子どもを数名指名し、全体に向けて発表するように促した。

●話し合い

子どもは水害を防ぐ工夫について話し合い始めた。一方で、何をどう工夫すれば水害を防ぐことができるのか難しいと戸惑うグループもあった。このグループには、流水の働きと水害を関係付けて考えることを促すために、流水実験の写真や結果をまとめたものを掲示した場所へ移動させた。すると、破堤の場所と流水による侵食の働きを関連付けた話し合いが始まった。

児童A　（写真の＋印を示し、）ここを工夫する？
児童B　そうだと思う。そこが崩れているから、そこをふさぐ。

児童C　この場所は曲がっていて川の外側にあるから，流れる水の削る力が強いと思う。削る力を防ぎたい。

教　師　流水実験の時はどうしましたか？

児童D　崩れた堤防のところは，堤防の高さを内側より高く厚くして，水を通さないビニールで覆うと崩れなくなったよね。

　子どもから「他のグループはどんな方法を考えたのかな」という声が上がってきた時点で，全体で話し合い，水害を防ぐ工夫を共有した。

【参考実験】

　図2のように砂で水路をつくり，多量の水を流すと破堤する（左側のバット）。そこで，コンクリートでどの部分を補強すればよいか話し合わせ，その部分を補強した（矢印部分）。ここでは水を流しても補強した部分では流れが速くても水路は壊れなかった（右側のバット）。

図2　左：破堤した堤防
　　　右：堤防外側を補強（矢印の場所）

　なお，実験室でバットなどに土を入れて川の流れのモデルを作成し，側方侵食を行うときには，河川の傾斜を急角度にしないことが実験を成功させる上で大切である。

　参考までに図1中の矢印で示した蛇行部の内側の範囲は，外側とは逆に流速が遅いために堆積作用が進んでいることがわかる。

### 評価について（思考・判断・表現）

　流水の働きと土地の変化（被害）を関係付けて，自分の言葉で水害を防ぐ工夫が説明できたか，仲間との交流で考えが深まったかを発言やノートの記述をもとに評価する。

# 05 小学校高学年 天気の変化①

# 「伊勢湾台風」についての理解を深め、台風への備えを考えよう

## 授業のねらい

　気候変動の影響を受けて、日本近海海域でも海洋貯熱量（海洋が蓄積した熱エネルギー）が高まっており、「超大型で猛烈な台風」、いわゆる「スーパー台風」への備えが求められている。ところが、地震に比べて台風への備えの意識は必ずしも高いとは言えず、「津波の警戒はしても、高潮への知識と危機意識は薄い」（山村武彦，2020）などと問題提起もされている。そこで、自分たちが住んでいる地域の台風による災害について調べる活動を通して、過去の台風と被害についての理解を深める。さらに台風に備えることの大切さに気付き、自分たちにできることを具体的に考え、実践していこうとする意識を高める。

## 授業づくりのポイント

　本単元では、台風の進路による天気の変化や台風と降雨との関係及びそれに伴う自然災害について学ぶ。自然災害は、地域の自然環境と人間活動との関係の中で起こるため、地域の過去の事例を題材として、実態に即した内容、方法を取り入れることが重要である。

　また、防災教育は、地域の関係者に協力を求めたり、博物館等の専門機関と連携して行ったりする方が、教育効果が高いと考える。さらに、自然の驚異や災害を扱うだけでなく、災害復興の取組にもふれることで、災害への向き合い方を学んだり、平常時からの備えを具体的に考えたりすることにつなげていきたい。そこで重要になるのが、教材分析である。

以下に，伊勢湾台風を題材とした「教材分析の5観点」を示す。

本時では，「伊勢湾台風カルタ」を用いて，台風の様子を視覚的に捉え，自分たちにできる防災対策について考え，交流していく。

## 「教材分析の5観点」

伊勢湾台風(第15号)　昭和34年(1959年)9月26日〜27日

【観点1　自然要因】
【最低海面気圧】
- 名古屋　958.2hPa(9/26 21:27)

【最大風速(瞬間最大風速)】
- 伊良湖　45.4m/s(55.3m/s)
- 名古屋　37.0m/s(45.7m/s)

【期間降水量(26日〜27日)】
- 名古屋　131.5mm

【最大潮位偏差】
- 名古屋　3.5m(26日)

【伊勢湾海底地形】
- 伊勢湾が奥行き深く遠浅
- 河川が多く降水による潮位上昇

【台風経路図】

高潮

【観点2　人的要因】
- 干拓地を含む沿岸低地の市街化
- 低地に木造平屋の公営住宅が密集
- 工場進出による地盤沈下
- 貯木場からの原木流出による家屋破壊
- 低い海岸堤防(高さ3.38m)
- 高潮河川遡上による河川堤防の決壊
- 行政側の避難誘導や防災体制が不十分
- 住民の台風災害に対する認識が希薄
- 夜間，停電により情報源であるラジオが使用不可。避難の機会を失う

【観点3　被害状況】

| | |
|---|---|
| 死　　　者 | 4,697名 |
| 行方不明者 | 401名 |
| 負　傷　者 | 38,921名 |
| 住　家　全　壊 | 40,838棟 |
| 半　　　壊 | 113,052棟 |
| 床　上　浸　水 | 157,858棟 |
| 床　下　浸　水 | 205,753棟 |

- 寸断された交通網
- 農作物，蚕，畜産などの被害

【観点4　災害復興】
- 町中を消毒作業
- 全国からの物資と義援金
- 自衛隊の活躍
- 復旧活動のボランティア
- 災害対策基本法の制定(1961年10月)
- 臨海部防災区域建築条例(名古屋市1961年6月)

【観点5　現在への教訓】
- 名古屋市港防災センター(伊勢湾台風に関する展示，ホームページによる学習コンテンツの提供，学芸員による出前授業，「伊勢湾台風カルタ」など)

## 学習指導案 第5時（全5時）

| 時間 | 子どもの学習活動 | 教師の指導・支援 |
|---|---|---|
| 7分 | 1　提示された事象から，学習課題を明らかにする。<br>「名古屋市を直撃して，多くの被害が出た台風だ」<br>「大地震にあったように線路が壊れている」<br>「もしこんな台風が来たらどうなるのかなあ」<br>「伊勢湾台風について詳しく知って防災に役立てたい」 | • 学習課題を明らかにするために，3つの資料を提示する。<br>①伊勢湾台風の経路図<br>②伊勢湾台風の被害状況<br>③伊勢湾台風カルタの拡大図<br>　（例えば⑦と⑨）<br>• 伊勢湾台風カルタを紹介し，カルタ遊びを通して伊勢湾台風に詳しくなり，今後の台風防災に生かしていこう。 |

**課題** 伊勢湾台風に詳しくなって，今後の台風防災に生かそう。

| 時間 | 子どもの学習活動 | 教師の指導・支援 |
|---|---|---|
| 13分 | 2　伊勢湾台風カルタで遊び，感想や疑問を交流する。<br>「暴風の被害というより，ひどい水害があったように思う」<br>「堤防が崩れて川の水があふれ，多くの丸太も流されている」<br>「この時代からボランティアや助け合いが行われている」<br>「どうして消毒しているのかな」 | • カルタ遊びが終わったら，感想や疑問を発表することを伝えておく。<br>• 水害の話題が出たら，「こんなに雨が降ったのかなあ」と高潮に目を向ける質問をする。<br>• 高潮が発生する仕組みを説明する。また，「高潮」に対して，当時は木造の平屋が中心で，2階建ての家は近所の人たちの避難所になったエピソードなどを併せて紹介する。 |
| 15分 | 3　名古屋港防災センターのHPを使って伊勢湾台風について調べ，ノートに記録する。<br>「伊勢湾台風では，大きな高潮によって町が浸水した」<br>「大きな丸太が流れて，被害が大きくなった」 | • 名古屋港防災センターのホームページを提示する。カルタについての詳しい説明や体験談が掲載されていることを，端末画面を見せ，各自で端末を使って調べてみようと促す。 |
| 10分 | 4　台風への備えについて自分にできることを考え，交流する。<br>「気象情報や避難情報などを見て，必要に応じて早めの避難ができるようにする」<br>「高潮に備えて，台風のときは2階で寝るようにする」<br>「停電に備えて，乾電池とラジオを準備しておく」 | • 伊勢湾台風やそこからの復興の様子を参考に，自分にもできる台風への備えを考えるよう促す。<br>• 考えたことは，些細なことでもノートにメモするように伝える。 |

104

- もし，避難所に行くことになったら，みんなのためにできることをしていきたい。

**まとめ** 台風は暴風雨だけでなく高潮にも気を付けて行動しよう。

## 授業展開例

本時は，名古屋市港防災センターが，伊勢湾台風を経験した人々の体験談を集めて制作した「伊勢湾台風カルタ」を使って，授業を展開していく。絵札には当時の人々の生活，復興の様子を間近で撮影した写真が使われており，伊勢湾台風の様子を視覚的に捉えることができる。また，防災センターのホームページには，札ごとの詳しい解説や，豊富な体験談が掲載されている。端末を使って情報を得ることで伊勢湾台風についての理解を深め，自分たちにできる防災対策についても考え，交流する。

伊勢湾台風カルタ

## 評価について （①知識・技能　②主体的に学習に取り組む態度）

①伊勢湾台風の内容に興味をもって調べ，高潮による被害が大きかったことを理解しているか，発言やノート記述等をもとに評価する。

②人々が助け合って未曾有の災害から復興しようとしていることに気付き，自分にもできることを考えて，実践していこうとする意欲を高めているか，発言やノート記述等をもとに評価する。

[参考文献・資料]
- 松岡敬二監修・毛利碩協力「伊勢湾台風カルタ」名古屋市港防災センター　※名古屋市港防災センターにて販売，名古屋市ふるさと納税返礼品としても入手可能（2024.6 現在）
- 山村武雄（2020）『台風防災の新常識』戎光祥出版
- 名古屋市港防災センター Web サイト　https://minato-bousai.jp/index.html
- 気象庁 Web サイト「災害をもたらした気象事例：伊勢湾台風」
  https://www.data.jma.go.jp/stats/data/bosai/report/1959/19590926/19590926.html

# 風水害から命を守ろう

### 授業のねらい

　過去の台風や大雨による被害やハザードマップをもとに、自分たちが住んでいる地域で起こりやすい災害について捉え、自分の暮らしや家族に適した避難行動を考えられるようにする。

### 授業づくりのポイント

　本単元では、台風に伴う大雨や強風によって起こる災害について理解し、各自が避難行動の計画「マイ・タイムライン」を作成する。「流れる水の働き」の学習とも関連させて、単元末に設定されている防災に関する学習を合わせた4時間をひとまとまりの学習とした。

「台風と天気の変化」第2次　わたしたちのくらしと災害（2時間）　｜
「流れる水の働き」第3次　わたしたちのくらしと災害（2時間）　｜ 計4時間

### 学習指導案　全4時間＋週末課題

| 時程 | 子どもの学習活動 | 教師の指導・支援 |
|---|---|---|
| 第1時 | ハザードマップをもとに自分たちの地域で起こりやすい災害を知る。<br>・洪水や土砂災害の危険度について学ぶ。<br>・内水氾濫危険度マップから自分たちの地域の危険度を知る。<br>・自分たちの暮らす地域で起こりやすい災害の特徴を理解する。 | ・ハザードマップを活用して洪水や土砂災害の危険度について考えるよう促す。<br>・市で作成している内水氾濫危険度マップを提示し、地域の危険度の理解を促す。<br>・備えについて学ぶ意義を見いだせるようにする。 |

| | | | 【参考】国土交通省 Web サイト「重ねるハザードマップ」「わがまちハザードマップ」 |
|---|---|---|---|
| **第2時** | VR で内水氾濫の様子を体験し，発災時にはどのような危険があるか考える。<br>• VR 体験の諸注意を聞く。<br>• VR 体験をする。<br>• 体験をして感じたことや気が付いたことを共有する。 | | • 道路が川のようになる様子やマンホールから水が吹き上がる様子などを見せ，気が付いたことを話し合わせる。<br>【参考】<br>VR 協力：仙台市危機管理課，仙台市安全協会 |
| **第3時** | 風水害から命を守るために必要な備えを理解する。<br>• キキクルやタイムラインについて知る。<br>• 自分たちの地域で過去に起きた災害について知る。<br>• 風水害の発災時に必要なことや備えておくと便利なものを考える。 | | • スマートフォンなどを用いたキキクルの情報収集の仕方を周知する。<br>• 危険度によって段階的に避難行動を考えたり，あらかじめ備えたりしておくことの大切さに気付くよう促す。<br>• 学校周辺が冠水した写真を提示して，災害が身近なものであることを実感できるようにする。 |
| **第4時** | 各家庭に合った避難行動について考える。<br>• 自宅の場所やキキクルのレベルによってどのような避難行動が適切かを考え，話し合う。<br>• 適切な備えや避難行動を記入しながら「マイ・タイムライン」を作成する。<br>• 互いのタイムラインを比較し，加筆や削除など修正していく。 | | • 自宅の場所や家族構成など，適切な避難行動を考える上での条件について，必要に応じて例示してみせる。<br>【参考】<br>仙台市 Web サイト |
| | 課題 週末課題としてマイリュックに入れたいものを考える。<br>• 各自が作成した「マイ・タイムライン」を家族に紹介する。 | | • 優先的に非常持ち出し袋に入れたいものの候補リストを用意し，10点選ぶように指示する。 |

## 授業展開例

### ●第1時

　ハザードマップを取得し，自分たちが暮らす地域で起こりやすい災害を知る。子どもたちは今後，様々な場所で生活することが予想されるこ

とから，国土交通省の Web サイトに掲載されている「重ねるハザード
マップ」を活用するとよい。予想される洪水と土砂災害地域を重ねて表
示するなど，いくつかのハザードを重ねて自分の住む地域のハザードを
確認する。また自分の住む地域だけでなく，親類の住む場所や旅行先な
ども確認し，自分の住む地域と比較する。さらに同 Web サイト掲載の「わ
がまちハザードマップ」を活用して，市町村ごとに作成されている津波・
火山など様々な種類のハザードマップも取得する。

●**第2時**

　学区内では内水氾濫が発生する危険性が高いことから，発災した場合
は町の様子がどのように変わるか，VR を使った疑似体験によって，自
分事として捉えられるようにする。疑似体験から気付いたことを学級内
で共有する。VR 内のカーラジオから注意喚起の呼び掛けが流れてくる
が，興奮していて聞き取れないことが予想される。実際の場面において
も同様のことが起こりうるので，冷静に判断するためにも備えが大切で
あることを確かめ，次時以降の学習に反映させていく。

●**第3時**

　洪水・浸水・土砂など，どのような場合に気象庁からキキクル（危険度
分布）が発表されているかを知る。スマートフォンや端末などを使ったキ
キクルの情報収集の方法も習得する。過去の災害事例をもとに，自分の住
む地域で起こりやすい災害について知り，あらかじめ避難計画（タイムラ
イン：時系列の防災行動計画）を作成することの大切さに気付くようにする。

●**第4時**

　キキクルの危険度に応じて，自分がどのような避難行動をとればよい
か判断する。自宅のある場所や家族構成などに合わせ，危険度レベルに
応じてどのような避難行動をとるか考える。キキクルのレベル3，レベ
ル4の段階ではどのような行動が適切か，学級内で意見を交わしながら
「マイ・タイムライン」の作成を進める。

●**週末課題**

　週末課題として，家族構成や自宅の場所によって必要なものを考え，

非常持ち出し袋に入れたいもの10点を教員が準備したリストから選ぶ。優先順位を考えることの重要性や，小学生が持ち出せる重量の観点から，10点という制限を設ける。各自が作成した「マイ・タイムライン」を家族に紹介し，家族間で災害時の避難行動について共有できるようにする。

【参考】

VR映像では，地下駐車場から出庫し，大雨の中，街を車で走行する中，様々な物が吹き飛ばされ，マンホールから水が噴き上げられたり，斜面が崩れたりする様子が見られる。さらに，アンダーパスに車が進入して動けなくなり，降車して徒歩避難を開始する。

図1　VR体験をする子どもの様子

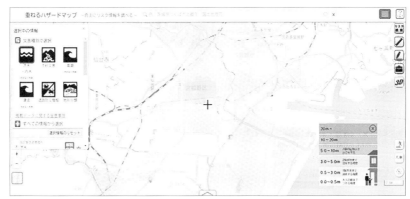

図2　重ねるハザードマップ　国土交通省ポータルサイト
https://disaportal.gsi.go.jp/maps/index.html

**評価について**（思考・判断・表現）

自分たちの住んでいる地域で起こりやすい災害についてハザードマップをもとに判断し，自分の家族に適した避難計画を作成できたか，「マイ・タイムライン」の記述内容や作成時の発言から評価する。

## 07 小学校高学年 土地のつくりと変化

# 液状化現象による土地の変化をモデル実験で観察しよう

### 授業のねらい

　沖積平野など未固結の地盤で地下水位が高い場合に，地震の揺れによって水とともに砂が噴出したり地表の変形が生じたりする液状化現象が発生することを，モデル実験・観察を通して理解することができるようにする。

### 授業づくりのポイント

　本単元では，土地の変化の一例として液状化現象が教科書に紹介されているが，写真や用語の説明に留まっているため，子どもの理解には限界がある。そこで，本時は，地震時の液状化現象による砂や水の噴出や地表の変形を視覚的に把握できるモデル実験を行う。このモデル実験では，液状化現象が発生する砂の地盤を子どもが作成し，家や水道管などに見立てたものを砂の地盤に配置しながら，繰り返し実験できる。このモデル実験・観察を通して，子どもは地震による液状化現象を視覚的に捉えることができる。

### 学習指導案 第15・16時（全16時間）

| 時間 | 子どもの学習活動 | 教師の指導・支援 |
|---|---|---|
| 5分 | 1　千葉県浦安市の液状化現象時と平常時の地面の画像を比較し，違いについて話し合う。 | ・液状化現象による地面の変化への気付きを促すため，2011年に発生した浦安市の液状化現象時の地面画像と平常時の地面画像を提示する。 |

| | | | |
|---|---|---|---|
| 10分 | 2 | 浦安市と液状化現象が発生した海岸地形に位置するA町の地形図を比較し，共通点に着目し問題を設定する。 | ・液状化現象と海岸地形を関連付けた問題を見いだせるように，浦安市とA町の地形図の共通点に着目するよう促す。 |

> **問題** 海岸に近い場所では，地震による液状化現象により，水や砂が吹き出したり建物が傾いたりするのだろうか。

| | | | |
|---|---|---|---|
| 10分 | 3 | 予想を立てる。<br>「写真や動画，地形図だけではなく，実験で確かめたい」<br>「予想通りだと，揺らすと砂の地盤から水が吹き出たり，積み木が傾いたりするだろう」 | ・実験で確かめたいという子どもの意見をもとに，液状化現象を確かめるモデル実験を紹介し，実験手順を説明する。<br>・揺らすことにより，モデル実験の砂の地盤がどのように変化するかを予想させる。 |
| 20分 | 4 | 実験する。<br>・砂の地盤を作るために，プラスチック容器に砂と水を入れる。これを2本の棒の上に置き，一定の速さで揺らし地面の変化を観察する。 | ・乾いた砂を利用した場合は，砂対水の体積比を5対2の割合で混ぜて砂の地盤を作るよう指導する。<br>・砂の地盤に配置する模型と振動を与えるための棒を2本準備する。 |
| 休憩 | | ・実験に追加したいものを校庭から集めてくる。<br>・集めてきたものを砂の地盤に設置し地面の変化を観察する。 | ・重い石と軽い石や木など，実験に加えたいものを集めてよいと伝える。<br>・砂の地盤に高低差をつけてもよいと伝える。 |
| 15分 | 5 | 実験結果を記録し共有する。<br>・結果の共通点や差異点を整理する。 | ・各班の実験結果が一覧できるように，ホワイトボードを用意する。 |
| 15分 | 6 | 考察し，結論付ける。 | ・予想と実験結果を比較し，一致・不一致を整理させる。 |

> **結論** 海岸に近い場所では，地震による液状化現象により，水とともに砂が吹き出したり建物が傾いたりする。

| | | | |
|---|---|---|---|
| 15分 | 7 | 学習の振り返りをする。 | ・学習してわかったこととさらに知りたいことを記述させる。 |

## 授業展開例

### ●導入

　導入時，子どもは，2011年東日本大震災時に浦安市で発生した液状化現象の画像資料や新聞記事などを見て，地震に伴う地面の変化につい

て知る。その後,浦安市だけでなく,海岸沿いのA町でも地震により液状化現象が発生したことを伝え,それぞれの地形図を提示し,比較させる。その結果,子どもは両方とも海沿いの町であるという共通点に気付いた。そして,「本当に地震が起きると海沿いの町では,地面から砂や水が噴き出したり,建物が傾いたりするのだろうか」という疑問を共有した。そこで,教師が液状化現象のモデル実験について紹介したところ,子どもはモデル実験で確かめたいと意欲を高め,実験準備に取りかかった。

● モデル実験

まず,子ども自身が砂による地盤をプラスチック容器内に作る。これは,身近なものを使った実験を家庭でも再現できるようにするためである。次に,プラスチック容器内の砂の地盤に,道や車,家に見立てた積み木などの模型を配置する。この後,「地震によって揺れると,資料のように,砂の地盤から水が吹き出たり,積み木が傾いたりするだろう」という予想を確かめるために,プラスチック容器を2本の棒の上に乗せ,一定の速さで揺らす。その結果,どの班もほぼ3分以内に砂の地盤に変化が見られた。子どもたちは,各班の実験方法や実験結果を共有しながら予想を確かめた。

図1　実験後の様子

| 児童A | 地震で揺れると,本当に水が噴き出して地面が柔らかくなってくるのがわかるね。重い石は沈んでしまったね。 |
| 児童B | 家の代わりに突き立てた軽い積み木の根元が浮き上がって傾いてしまった。 |
| 児童C | もしかすると,軽いものが砂の中に埋められていたら,浮き上がってくるかもしれないね。 |

児童Cの気付きを確かめるために，同班では砂の中にストローを埋め込み揺らす実験をしてみた。すると，砂の中にあったストローは，濁った水の上に浮き上がった。この結果から，液状化現象が発生した場合は，土の中に埋められている土管などの軽いものは浮き上がってくることを理解した。

　一方，道路に見立てたレールが傾いていたことに気付いた子どもは，砂の地盤の表面がどうなっているのかを観察した。その結果，図2のように，表面が波打っていることを見つけた。これにより，

図2　液状化現象による地面の変化

避難時にどのような危険があるのかについて，泥水の下の地盤表面の凹凸を指摘し，車の運転はできないこと，歩く場合にも棒などで地面の凹凸を確かめて歩くことが必要であると話し合った。このように，地震時の海岸沿いの町の危険性を理解し，安全な行動を考えた。

【参考】

　モデル実験の砂の地盤には，購入した粒径0.4mmの砂（珪砂5号）と水を使用した。砂の地盤を作成する際の砂と水の体積比は砂の含水量により異なる。開封直後の砂は，水分を含んでいるため，砂対水の体積比は，約5対1で液状化現象が発生した。一方，完全に乾燥した砂は，約5対2で液状化現象が発生した。プラスチック容器や棒は100円ショップで購入できる。

## 評価について（知識・技能）

　液状化現象では，水とともに砂の噴出や地表の変形が生じる。建物の沈下，傾斜はゆっくりと進行するが，道路の機能不全が起こる。そのため，避難行動や救助活動が妨げられ，人的被害につながることを理解しているか，発言やノートの記述をもとに評価する。

# 自分たちの地域で起こりやすいのは,どのような自然災害だろうか

## 授業のねらい

　自分たちの地域で起こりやすい自然災害について考え,その災害から受ける影響を少しでも少なくするための工夫や自分にできる対策について調べる活動を通して,地域の特徴を知り,情報を活用して対応策を事前に考えようとする態度を養う。

## 授業づくりのポイント

　今日,情報技術は急激な進展を遂げており,自然災害などの非常時においても,そうした機器やサービス,情報を適切に選択・活用していくことが不可欠な社会になっている。

　本単元のねらいの一つに,「人は,環境と関わり,工夫して生活していること」を捉えることが挙げられる。小学校学習指導要領(平成29年告示)解説理科編には,ここでの「工夫」として,情報を活用して環境の変化を事前に予測し,受ける影響を少なくする工夫が示されている。

　どのような自然災害に遭う危険性があるのかについては,自分がどこにいるかによって異なる。

　そこで,本時では,自分たちの地域で起こりやすい自然災害について考えることで,どのような自然災害がどのような場所で起こりやすいのかについて捉えることができるようにする。それを踏まえて,災害から受ける影響を少なくするために行われている工夫や情報を活用して防災・減災の具体的な方法について捉え,意識を高めるようにする。

## 学習指導案 第12時(全15時間)

| 時間 | 子どもの学習活動 | 教師の指導・支援 |
|---|---|---|
| 10分 | 1 自然環境の大きな変化にはどのようなものがあるかを想起し、自分たちが住む地域で起こりそうな自然災害について考える。<br>• 大雨による洪水<br>• 地震<br>• 火山の噴火 | • 自然環境の大きな変化を想起させるとともに、それはどのような場所で発生しやすいのかについても考えることで、自然災害に遭う可能性は、自分がどこにいるかによって異なることを意識できるようにする。<br>• 自分たちが住む地域で起こりそうな自然災害について考える際には、その理由も考えることで、見通しをもって対応することが大切であることへの気付きを促す。 |

> **問題** 自然環境の大きな変化に、どのように対応すればよいのか。

| 時間 | 子どもの学習活動 | 教師の指導・支援 |
|---|---|---|
| 10分 | 2 自分たちが住む地域で起こりそうな自然災害(ここでは洪水を取り上げる)から受ける影響を少なくするために行われている工夫について調べる。<br>• 川の堤防の護岸工事<br>• 下流域河川敷の広場<br>• 防災ガイドの配付 | • 各自治体の防災 Web サイトなどをもとに、自治体がどのような取組をしているかについて調べるよう促す。しかし、小学生を対象とした内容となっていないことも多いため、グループで調べ学習を行ったり、教師と一緒に内容を確認したりするなどして、取組が理解できるように配慮する。<br>• 自分たちの地域の取組を自分事として捉えるように意識付けを図る。 |
| 20分 | 3 災害から受ける影響を少なくするために、自分ができる情報収集などについて話し合う。<br>• 天気予報をよく見る<br>• 災害時の水や食料などの準備<br>• 各地自体の防災 Web サイトの確認<br>• ハザードマップの確認<br>• 川の防災情報の存在 | • 災害から受ける影響を少なくするために、普段から自分が取り組んでいることを発表し合い、防災意識を高めることの大切さを感じ取れるようにする。<br>• ハザードマップについては、洪水のみならず、火山や土砂災害などもあることを示し、様々な情報が提供されていることを知ることができるようにする。<br>• ハザードマップを見る際は、子どもの自宅が危険性の高い区域にある場合も想定されるので、扱う際の配慮が必要である。 |

3

自然災害を取り扱った授業展開例

115

| | | |
|---|---|---|
| **結論** 自然環境の大きな変化に対応するためには，必要な情報がどこで収集できるかを知り，積極的に情報収集して対策を考えることが大切である。 | | |
| **5分** | 4 本時の学習を振り返る。 | ・積極的に情報収集していきたいという振り返りを共有することで，一人一人の防災意識を高めるようにする。 |

## 授業展開例

### ●導入

　自然環境の急激な変化にはどのようなものがあるかについて，子どもたちが，これまでの学習を通して想起することは比較的容易である。しかし，今後の人生において，自分がいつ，どこで，どのような自然災害に遭いそうなのかを考えることが重要である。そこで，大雨による洪水，地震，火山の噴火などから，自分たちが住む地域で，発生する可能性が高い自然災害について考える活動を行う。その際，災害が発生する理由も考えることで，これまでの理科の学習で得た知識を根拠に自分の考えを述べることの大切さや，知識があることによって，様々な自然災害に適切に対応できることへの理解を促す。

### ●調べ学習

　各自治体の様々な取組を調べるときに，どこからどのような情報を得ることができ，その情報の価値についても子ども自身が知ることに重点を置く。子どもの学習において，ICT 端末が整備され，子どもが知りたい情報に自由にアクセスできるような状況になったからこそ，授業の中だけでなく日常の生活においても，子どもが積極的に防災に関する情報を収集し，自分で考え行動できる態度を養いたい。

　本時においては，調べ学習が中心となる。その際，気象庁などの Web サイトを利用することはできるが，自分たちが住む地域の情報を得る方法を知ることも重要である。そこで，各自治体の Web サイトを活用する。

福島市防災ウェブサイト
https://bousai.city-fukushima.jp/

　なお，必ずしも小学生を対象とした内容になっているわけではないため，子どもたちの実態に応じて，グループ活動にしたり，教師と一緒に確認していったりするなど，授業形態の工夫を行い，子ども一人一人が理解を深めることができるように配慮する必要がある。

## 評価について（主体的に学習に取り組む態度）

　自分たちが住む地域で起こりやすい自然災害に関心をもち，その災害から受ける影響を少なくするために積極的に情報収集していこうとする態度を，授業中の発言や振り返りの記述をもとに評価する。

# 火山で生まれた岩石!?
## ——火成岩と火山の関係を追究しよう

### 授業のねらい

　噴火活動のメカニズムの理解に基本となる火山岩・深成岩に関する知識，技能を習得するために，火成岩の色・組織などの観察を行い，火成岩の特徴からマグマ・火山活動との関係について進んで探究できるようにする。

### 授業づくりのポイント

　本単元では，火山の形，噴火の様子及びその噴出物を地下のマグマの性質と関連付けて理解することがねらいである。観察結果から課題を見いだし，仮説を立てて検証の方法を立案し，実験や文献調査を通じてマグマの成分や火山，火成岩の形成における原理・原則を明らかにしていくという，地球科学の研究の流れに類似する授業を展開し，科学的な探究の過程にもつなげる。

　従来から，火山の形・構成する岩石の色，噴火時の様子，火山灰に含まれる鉱物などの映像の活用や実物の観察と，スライム等を用いたモデル実験を行い，これらを踏まえて「マグマのねばりけ」を共通のキーワードとして火山の特徴と火成岩の分類を対応して捉える事例は多く見られる。しかし，マグマの粘性に差異が出る理由までは取り扱われないことが多く，「なぜ，マグマのねばりけが違うだけで火山や火成岩の色が変わるのか」という疑問をもつ生徒も少なくない。

　そこで本時では，まず探究的な手法による火成岩の観察を行い，火成

岩の特徴や違いを整理する。その後，岩石をつくる鉱物の違いへの気付きを促し，これが火山の噴火や形状と関連することを理解できるようにする。火山及び火成岩の科学的・探究的な取扱いを通じて，今後，火山岩の学びでは，火山噴火による災害や深成岩の学びでは，風化による土砂災害への理解につなげたい。さらに災害面だけでなく，各地域の景観の形成などの恵みも合わせて紹介し，「自然の二面性」を自然科学の視点から体系的に捉えるようにしたい。

## 学習指導案 第1時（全8時間）

| 時間 | 子どもの学習活動 | 教師の指導・支援 |
|---|---|---|
| 5分 | 1　身近な岩石について気付いたことを挙げながら，本時のめあてを共通理解する。<br>• 身近にどのような場所で岩石が見られるかを挙げる。<br>　校庭・砂利・河原<br>　玄関の大理石・城などの石垣<br>• 提示された花こう岩と玄武岩の共通点と相違点を挙げる。<br>「黒い粒が共通している」<br>「大きさ・形が違う」<br>「白っぽいか黒っぽいかという違いがある」<br>• 探究する視点を確認する。<br>「生物の学習と同じように，共通点と違いで分類ができそうだね」 | • 小学校での学習や日常で岩石が利用されている場面を想起させる。<br>• 岩石の例として，花こう岩と火山で採取した玄武岩を提示し，共通点と相違点を問う。<br>• 中学で習う岩石は，でき方によって火成岩と堆積岩に分類でき，さらに火成岩は花こう岩と玄武岩に代表されるように深成岩と火山岩に分けられる。これらはマグマが冷え固まってできたという共通点があることを伝える。 |

**課題** 身近な岩石を分類してみよう ～火成岩の特徴とは？～

| 時間 | 子どもの学習活動 | 教師の指導・支援 |
|---|---|---|
| 5分 | 2　分類の視点を個人で考え，ノートに書く。書いた仮説をグループで共有し，どんな方法で分類するかを話し合う。<br>「色の濃さで分けてみよう」<br>「表面の様子や大きさが分けやすいかも」<br>「模様があるかどうかでも分けてみたいな」 | • 活動の視点を焦点化するために，「火成岩をさらに2つのグループに分けようと思います。どのように分ければよいですか？」と追加発問する。<br>• 各自で考えた分類法のなかから，グループで実際に取り組む方法を選択し，活動の計画を立てさせる。 |

3

自然災害を取り扱った授業展開例

119

| 10 分 | 3 火成岩のセットを持っていき，2つのグループに分ける。<br>「色に注目すると，色が混合しているかで分けてもいいかも」<br>「光っている粒があるものと，ないものがあるよ」<br>「よく観察すると，粒の大きさもずいぶんと違うね」 | ・ベン図を印刷したA3のシート上に岩石を配置させ，分類の視点や気付いた特徴を書き込ませる。<br>・必要に応じてルーペや双眼実体顕微鏡の使用を認め，科学的な事実や子どもの価値観をもとに，自由に分類させる。 |
|---|---|---|
| 5 分 | 4 自分たちが行った分類の方法と気付いたことを発表する。<br>「粒の様子に着目した班と，色に着目した班があったね」<br>「観察して確認できるのは色や粒といった見た目の特徴だよね」 | ・子どもの発言でよいものを取り上げ，探究の視点として共有する。<br>・分類後のシートを撮影し，タブレットPCの共同編集ツールを利用して交流を促す。<br>・各グループの発表を比較して，共通する特徴や再現性のある特徴に気付けるように支援する。 |
| 10 分 | 5 粒の様子と色に着目して，再び観察を行う。 | ・粒の大きさを縦軸，色（白っぽさ・黒っぽさ）を横軸としたマトリクス図（A3版）を配付し，その上に先ほどの岩石を配置させる。 |
| 10 分 | 6 6種類の火成岩の特徴や配置について整理する。<br>・各岩石の名前を知る。<br>・6種類の火成岩の共通点と違いをまとめる。 | ・写真を撮って端末の共同編集ツールに貼り付けるよう指示する。<br>・火成岩の名前を提示し，粒（組織）の様子や色によって名前が変わることへの気付きを促す。 |

**まとめ** 火成岩には，火山のマグマが冷え固まってできたという共通点があるが，粒の様子や色によって6つの種類に分類することができる。

| 5 分 | 7 岩石の分類を通して気付いたことや，火成岩の特徴について学んだことを振り返る。<br>「火山の場所や噴火の仕方によって岩石の色や粒の様子も変わるのではないだろうか」<br>「火山やマグマと岩石の関係について詳しく調べたい」 | ・ワークシートに，探究の過程における考えの変化と，新たに立てた仮説や疑問点などを記入させる。 |
|---|---|---|

## 授業展開例

### ●思考ツールの活用

　岩石の観察では，色や組織に違いがあることを見いだし，思考ツール上に分類することで，岩石の特徴や分類法に子ども自身が気付けるようにする。ベン図上での分類では，生徒が多角的に工夫しながら分類する姿が印象的であった（図1）。また，再現性の視点から「色と粒の様子に着目しよう」という発言を引き出し，マトリクス図への配置から火成岩の分類へとつなげた（図2）。

図1　ベン図上での分類

図2　マトリクス図への配置

### ●次時へのつながり

　振り返りでは，「色や粒の様子で分類できることはわかったが，なぜこのような違いが出るのか」といった記述をする生徒が多く見られた。そこで，次時にはマグマを題材としたモデル実験だけでなく，いくつかの火山におけるマグマの成分についての文献調査を行い，分類で見いだした課題を明らかにするために成分や生成過程に着目して追究する展開とした。

　これらの取組により，本単元の学習内容を科学的に考察する態度を促し，単元の終末では日常生活や身近な自然災害と関連付けて捉えようとする発言や記述へとつなげることができた。

## 評価について　（①知識・技能　②主体的に学習に取り組む態度）

①ルーペや双眼実体顕微鏡を使って適切に観察し，写真やスケッチを用いて記録をとることができているかを，行動や提出物から評価する。

②岩石の観察や，火山に関わるニュースや身近に利用されている岩石との関連から，火山と岩石の関係について仮説を立てたり新たな課題を見いだしたりしながら進んで探究しようとしているかを，ワークシートへの記述をもとに評価する。

# 10

中学校
自然の恵みと火山災害・地震災害

# 自然の恵みについて調べ、伝え合おう

## 授業のねらい

　自然は，美しい景観，住みよい環境などの恩恵をもたらし，人々の豊かな生活に寄与していることに気付くとともに，それらを火山活動や地震発生の仕組みと関連付けて理解し，説明することができるようにする。

## 授業づくりのポイント

　本単元では，まず火山の噴火や地震の発生によって，どのような災害につながり，どのような被害が発生するのか，また，それらの被害を減らすための工夫について調べる。例えば，火山噴火による降灰の分布を調べる実験結果について，ハザードマップと照らし合わせながら，被害を受ける範囲などについて，正しく理解する。ただし，ハザードマップに記載されている被害の想定範囲は，それ以上の範囲に被害が及ぶ可能性がないことを示すのではなく，想定外のことが起こる可能性があることについても理解する必要がある。

　本時では，火山活動や地震発生の仕組みと関連付けて，火山噴火や地震・津波によって，恩恵がもたらされていることについて具体的な事例を調べる。そして，調べた内容について伝え合う活動を通して，自分の考えを深められるようにする。また，自然の恩恵と災害を学ぶ場として，ジオパークがあることにも触れる。

122

## 学習指導案 第6時(全6時間)

| 時間 | 子どもの学習活動 | 教師の指導・支援 |
|---|---|---|
| 7分 | 1 提示された写真を見て，気付いたことを発言する。「火山の近くには温泉がある。マグマが地下水を温めるからだろう」 | • いくつかの地域の，火山の麓にある温泉や景色の写真を見せる。そして，気付いたことを話し合わせる。<br>☆それぞれのジオパークの Web サイトには，自然の恩恵についても理解できるジオサイトが掲載されているため，活用しやすい。 |
| 10分 | 2 問題を見いだす。 | • 「他に，どのような恩恵があるのだろうか」と生徒が考えるような問いかけを行う。「温泉だけなのかな？」など。 |

**課題** 自然の恩恵とは，具体的にどのようなものなのか調べてみよう。

| 時間 | 子どもの学習活動 | 教師の指導・支援 |
|---|---|---|
| 15分 | 3 インターネットで調べる。<br>• 個人で調べた後に，4～5人のグループで調べた結果について意見交流を行う。<br>• 調べたことを，火山と地震・津波に分けて，ホワイトボード上にまとめる。 | • 火山や地震・津波などに関係した恩恵について学ぶことができるジオパークのホームページなどが示された資料を掲示しておく。<br>☆地震の恩恵を調べるのは難しいと想定される。神奈川県の旧相模川橋脚や京都―福井間の花折街道（鯖街道）などの具体的な事例を示すとよい。 |
| 13分 | 4 調べたことを発表する。<br>• グループごとに，火山活動と地震・津波に分けて，それぞれどのような恩恵をもたらしているのかを整理し，発表できるようにする。 | • 教科書のコラム（例 室伏・養老ほか（2023）「温泉と断層の意外な関係～有馬―高槻断層帯～」自然の探究中学理科1，教育出版，p.219）などを参考にし，自然の現象面と関連付けて，できる限り具体的に説明できるように促す。 |
| 5分 | 5 本時のまとめを行う。<br>• 火山や地震，津波などは災害となることもあるが，長い時間，多くの恩恵を享受していることをまとめる。 | • 何を調べたのか，何を考えたのか，何を感じたのか，そして新たな気付きは何かをノートに書かせ，リフレクションを行う。その後，本時のまとめを行う。 |

**まとめ** 火山噴火や地震活動は自然現象に過ぎず，人間との関わりによって災害にも恵みにもなる。

## 授業展開例

本時では，自然は災害となることもあるが，長い時間，私たちに様々な恩恵をもたらしているということに気付き，自然を恩恵と災害の二面性から捉えられるように指導したい。本単元の学習では，自然事象の時間的概念について理解することが重要である。

### ●導入

導入では，火山の麓にある温泉や景色を撮影した写真（図1）を見せ，気付いたことについて話し合う。「温泉がある」「景色がきれい」などの発言が想定される。「温泉が好きか」と問うと，生徒は「温泉に行きたい」「気持ちがよい」などと言うだろう。温泉のように，人間に豊かな生活を与えてくれる"自然の恵み"があることを伝える。

図1　磐梯山（檜原）

そこで，「温泉のほかにも，恩恵があるのかな？」と問うと，生徒は悩む。そして，「自然の恩恵とは，具体的にどのようなものがあるのだろうか」という話題が数人の生徒の間に持ち上がり，クラス全体に問いかけることで，本時の問題が共有された。

### ●調べ学習

インターネットを使い，自然の恩恵についてグループで調べることにする。生徒には，ジオパークや世界自然遺産について紹介し，各ジオパークのホームページには，自然の恩恵についても様々な具体的な事例が紹介されていることを伝える。しかし，それでも何から調べてよいのか戸惑うグループもいるだろう。そのようなときは，教師が自然の恩恵について理解できる，いくつかの具体的な事例を紹介し，それについて詳しく調べるようにする。特に，地震の恩恵を調べるのは難しいと予想されるため，事前にいくつかの例を示すとよい（表1）。

表1　地震の恩恵の例

| 地震の恩恵 | 概要 |
|---|---|
| 神奈川県 旧相模原橋脚 | 1923年9月1日に発生した大正関東地震（M7.9）が原因となった，関東大震災時に発生した液状化現象により，鎌倉時代に建造された10本の橋脚が現れた。鎌倉時代の様子について，新たな知見を得ることができる。 |
| 京都—福井 花折街道 （鯖街道） | 花折断層の活動によりできた，直線的な街道。日本海の鯖を，福井県小浜市から，若狭町を経由し，水坂峠を越えて，滋賀県高島市を抜けて，大津市葛川，花折峠，そして京都市左京区まで運んだ。（鯖は腐りやすく日本海から京都まで最短経路で進む必要がある。日本海では京都に届く鯖を少なく見積もり，これが「サバを読む」の語源とも言われている。） |
| 伊豆大島 波浮の港 | 伊豆大島の南に位置する漁港。9世紀に起こった水蒸気爆発により火口ができ，それに水がたまり池となっていたが，1703年の津波によって，陸地の一部が崩されて海とつながり，1800年に，掘削工事を行って港となった。川端康成の小説「伊豆の踊子」の舞台にもなっている。 |

●**発表**

　その後，グループごとに，火山活動と地震・津波に分けて，どのような恩恵をもたらしているのかを整理して，発表する。

　発表後は，リフレクションを行う。例えば，図2に示すような内容をノートに記述することが考えられる。

　最後に，火山や地震・津波は災害となることもあるが，長い時間，多くの恩恵を享受していることについてまとめる。

> 1．調べたこと・調べた方法
> 2．考えたこと・感じたこと
> 3．新たな気付き
> 　（学習前との変化）

図2　学習のリフレクション

## 評価について（思考・判断・表現）

　火山の活動や地震がもたらしている恩恵について説明できたかを，ノートや発言，発表の様子をもとに評価する。

# 11 中学校
## 身近な地形や地層, 岩石の観察

# 自然景観をつくる岩石の観察を通して, 地殻変動を考えよう

## 授業のねらい

　大地の成り立ちについて, まず地形をつくる岩石から考える。教室内で学ぶ岩石を, 身近に見られる山体を構成しているものとして捉える。山体をつくる岩石には様々な種類があるが, ここでは花こう岩などの深成岩を取り上げる。地下深部でできた岩石が高い山でも見られることから地殻変動に気付き, 活断層とも関連して地震の理解にもつなげる。

## 授業づくりのポイント

　本時では, 山々の景観をつくる岩石を, 理科室（教室）内で観察し, 地球のダイナミクスが理解できるようにしたい。岩石名やその特色を機械的に覚えるだけでなく, なぜこのような岩石が形成されたのか, なぜ現在はこの高さにあるのか, 観察を通して, そのプロセスが理解できるように授業を展開する。

　噴火によってマグマが地表や地表近くで急冷して形成された火山岩と地下深部でマグマがゆっくり冷えて形成された深成岩の組織の違いについては, 偏光顕微鏡などを用いた観察によって学ぶ。前時までに観察をしているが, 本時では最初に再び観察を行う。

　身近な山々を構成している岩石を意識したり, 山のでき方を考えたりすることはあまりない。本時では, 遠足やハイキングなどで訪れたことがあったり, 地域の中で身近に感じたりする山を取り上げる。山体をつくる岩石などには違いもあり, 火山活動でできた火山以外は, 海底等で

126

砂・泥などからできた堆積岩やマグマが地下深部で長い年月をかけてできた深成岩が隆起して，現在見られるような景観を形成している。この造山運動が，場合によっては地震と関係していることを理解できるようにする。つまり日常では美しさ，神々しさをもつ山々も，その景観をつくったダイナミクスを想像することによって，活断層型地震が発生することと関連して考えられるようになる。

## 学習指導案 第5時(全6時間)

| 時間 | 子どもの学習活動 | 教師の指導・支援 |
|---|---|---|
| 15分 | 1 ルーペや偏光顕微鏡を用いて，深成岩，火山岩の表面の様子の違いを考える。<br>・観察，スケッチをする。<br>「岩石をつくる結晶が大きかったり，小さかったりするのはなぜだろうか」<br>・岩石のでき方について理解を深める。 | ・同じマグマ起源の岩石であっても，火山岩と深成岩との違いに気付くように促す。<br>☆2つの火成岩を観察させ，特色の違いを鉱物の種類，等粒状組織や斑状組織についての説明をする。<br>・同じマグマからできた火成岩であっても，鉱物の大きさに違いがある理由をマグマの冷え方から考えさせる。 |
| | **課題1** クラスの皆が知っていたり，訪れたりしたことのある山はどんな岩石からできているのか調べよう。 | |
| 15分 | 2 与えられた岩石について，グループごとで観察し，岩石名を決定し，その理由も話し合う。その結果を各グループで発表する。<br>・等粒状組織や色指数などから，判断する（岩石によっては堆積岩であることも気付く）。 | ・あらかじめ教師が採取したり，入手したりした火成岩を，山での露頭の写真とともに見せる（堆積岩を含めてもよい）。<br>☆ここでは，周辺の深成岩でできた山を例に取り上げる。西日本では，花こう岩の山々が多いが，花こう岩と斑れい岩からできた山や堆積岩からなる山も存在する。 |
| | 3 深成岩のでき方について，考えたことや気付いたことを共有し，問題を見いだす。 | ・深成岩であることを説明するとともに，振り返って深成岩ができた場所を質問する（堆積岩を使用してもよい）。また，岩石を採取してきた山の写真を見せる。 |

| | | |
|---|---|---|
| | **課題2** 地下深部で，ゆっくり冷えてできた岩石（海底で堆積した岩石）が，現在では高い山で見られる原因を考えよう。 | |
| 15分 | 4 話し合ったことを発表する。<br>・グループごとに，地下深部や海底でできた岩石が，なぜ現在の山で見られるのか，その原因を様々な視点から話し合う。 | ・山が火成岩からできている場合には，マグマの活動や隆起など，生徒の自由な発想を大切にし，その後，具体的なメカニズムについても紹介する。<br>☆ここで，プレート同士の働きや，地域によっては断層の影響についても触れる。 |
| 5分 | 5 各自でまとめを行う。<br>・自然景観をつくるダイナミクスが，もし人間が周辺にいれば，どのようなことになるかを考える。 | ・現在見られる山々の景観は，この地域で人間が登場する前につくられていること，現在も隆起しているが，侵食作用によって高さが変わらないことにも触れる。自然景観と災害を結び付ける。 |
| | **まとめ** 地下深部で形成された深成岩は，断層を伴う地殻変動によって隆起し，現在見られる山の景観を構成する。 | |

## 授業展開例

### ●身近な岩石を教材に

本時では，地下深部でマグマがゆっくり冷えて固まってできた深成岩を取り上げた。特に西日本では花こう岩からできている山が多い。生駒山（大阪府と奈良県の境界）や筑波山（茨城県）のように花こう岩，斑れい岩のいずれも見られる山も存在する。また，深成岩と堆積岩の2種類の岩石からできている山や，堆積岩からなる山もある。堆積岩が身近な地域であれば，かつては海の底などに堆積した礫，砂や泥，場合によっては化石を含むこともある地層が，なぜ高い山に見られるのかを考えさせてもよい。

図1 山頂に見られる花こう岩

●時間的・空間的な見方

　地殻変動や造山運動について説明し，その根本となるのがプレートによって地球表面に働く力であることを理解できるようにする。日本列島では，北米プレートやユーラシアプレートの大陸のプレートに対して，太平洋プレートやフィリピン海プレートの海洋プレートが圧縮するような力で働く。その結果，逆断層が形成されたり，堆積岩では，褶曲構造が見られたりする。以上のような力の働きによって山地の景観が形成されたのは，人間が誕生する以前のことである。しかし，現在も造山運動は継続され，山地は隆起しており，今後も活断層によって大規模な地震が発生する可能性があることへの理解を図る。

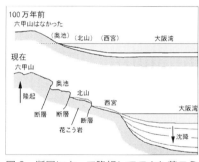 

図2　断層によって隆起してできた花こう岩の山地（神戸市教育委員会教育企画課「兵庫県南部地震データ集」Webサイトより引用・改変）

図3　六甲山から見た景観

## 評価について　（①知識・技能　②思考・判断・表現）

①火山岩と深成岩について，構成する鉱物の特徴等を，基本的操作を踏まえながらルーペや偏光顕微鏡を用いて観察，スケッチし，構成の違いを理解しているか，ノートなどをもとに評価する。堆積岩も同様である。

②山体を形成する岩石について，地下深部や海底でつくられたものが，どのような力の働きによって，現在見られるような高い山となっているのかを探究し，既存の知識と結び付けて説明したり，文章で表現したりしているか，発言や記述などをもとに評価する。

# 12 中学校 日本の気象

## 理科の学びを活かして災害を予測し，自分たちのとるべき行動を考えよう

### 授業のねらい

「気象とその変化」の学びを通して習得した天気図や気象データなどの知識及び技能を活用する活動を行い，単元の理解を深める。また，近年，台風や線状降水帯などによって日本で発生した自然災害について，地域に根差した防災教育を通して，「生きる力」を育成する。

### 授業づくりのポイント

子どもたちは1年生の時に「総合的な学習の時間（以下「総合」）」において，SDGs目標13「気候変動に具体的な対策を」の項目について学び，気候変動に伴って地域（福知山市）で起こりうる災害を知り，対策を具体的に考える学習に取り組んだ。その中で，ハザードマップの確認や，市防災施設の見学，マイ・タイムラインの作成・交流などを行ったその経験により福知山市における水害に対しては知識を獲得しており，どのようなタイミングでどのような行動をとるべきか判断できるようになっていると期待できる。しかし，進学や就職など様々な理由によって，将来的に福知山市以外で生活することも十分考えられる。

以上のことから本時では，総合で地域学習として行った内容を踏まえ，理科の学習として防災に対する知識及び技能を様々な場面で活用できるようにする。また，本単元を通して獲得した知識及び技能と，災害時の実際の気象データを合わせて考察することで，単元の理解を深められるように授業を展開する。

130

## 学習指導案 第10時(全13時間)

| 時間 | 子どもの学習活動 | 教師の指導・支援 |
|---|---|---|
| 5分 | 1　1年時の総合での学習を確認する。<br>• 本時のめあてを確認する。 | • 1年生の時に学習した内容（地元の福知山市で発生した水害やそれに対する取組）について想起させる。<br>• 警戒レベルについて振り返りを促す。 |

> **課題** 危険を予測し，自分たちの取るべき行動を考えよう。

| 時間 | 子どもの学習活動 | 教師の指導・支援 |
|---|---|---|
| 40分 | 2　課題に取り組む。<br>• 担当する地域と日時を選び，課題を確認する。<br>• グループ内で役割分担を決めて，課題に取り組む。 | • どのような自然災害が起こったかは伝えず，地域と日時のみを提示する。<br>• ロイロノートで配付した課題を全体に共有する。<br>• いくつかの課題を準備し，グループによって違う課題に取り組ませる。<br>• 過去の災害を課題として使用しているため，Web上に様々な情報が掲載されているが，災害後に判明した情報や，実際の被害状況などは根拠とすることができないことを示しておく。<br>• 一つの情報のみを根拠とするのではなく，いくつかの情報をもとに考えるように促す。<br>• 予想される災害は，安易に洪水によるものとならないよう，その土地の地形や過去の災害，風向・風力などについても考慮するように補助発問を行う。 |
| 5分 | • 課題の進捗状況を共有する。 | • 進捗状況に応じて今後の学習の時間配分を検討する。 |

> **まとめ** 気象データから水害の危険性を予測し，どう行動するかの判断を共有する。

3

自然災害を取り扱った授業展開例

# 授業展開例

## ●導入

導入では，総合で学習した内容を振り返り，命を守るためにどのような意識が必要であったかを想起させる。また，警戒レベルについて復習することで，それぞれのレベルや家族の状況に応じて，とるべき行動が変化することを理解できるようにする。

## ●生徒のグループ活動と教師の支援

グループ（各3〜4人）ごとに取り組む課題を決め，グループ内で役割分担して活動する。何種類か準備した課題の中の一例として，下図のようなものが挙げられる。課題には当時のNHKニュースのリンクが添付されていて，子どもたちはそれを見て状況の概要をつかむ。また，自宅の場所や家族構成が設定されているため，自分の今の生活ではなく，今後遭遇するかもしれない災害として課題に取り組む。注意点として，それぞれの課題は実際に発生した災害であるため，Web上には様々な

---

**課題**
　みんなは三重県津市に住んでいて，今は2023年8月14日23時30分である。テレビを見ていると，【　　　】というニュースが流れてきた。これを受け，これから予測される危険を示し，家族が取るべき行動を警戒レベルごとに考えなさい。また，そのような判断をした理由，判断の根拠となる情報（数字）を必ず示し，なぜそのような危険を予測したのか，天気図と合わせて示しなさい。

**設定**
①自宅は市役所（三重県津市西丸之内23-1）の位置にある2階建てであるとする。
②家族構成は学習班のメンバーに加え，幼児1人，大人2人，高齢者2人であるとし，うち1人は足が不自由であるとする。

**参考**
- 教科書，ノート
- 浸水ナビ
- ハザードマップ
- 気象庁　防災気象情報と警戒レベルとの対応について
- 気象庁　過去の気象データ検索
- 日本気象協会　tenki.jp
　　（衛生画像・天気図・雨雲レーダー・アメダス・実況天気など）
- ネットニュースなどの記事
　※8月15日以降のデータを見て参考にすることはできない。

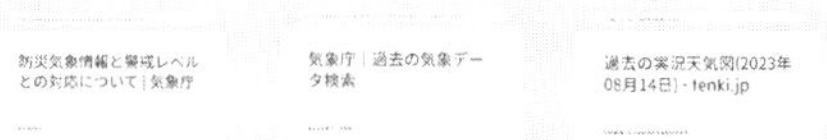

図1　本時の課題

情報がまとめられ，掲載されていることが考えられる。その情報をもとにすると，生徒がもつ知識から予測することができなくなるため，参考にしないように留意する必要がある。子どもたちには，自分なりの根拠をもとに予測できる危険（災害）であれば，実際には発生しなかったものでも問題ないことを伝える。

支援が必要なグループに対しては，添付されたニュース動画からどのような災害が起こりそうか率直に意見を出させ，その災害にどのように対応しなければいけないのかと発問する。また，その日の天気図を確認させ，災害の原因となっているものを考えるように促すことで，ねらいに迫りたい。

● まとめ

本時での課題の進捗状況を確認する。完成には，少なくとも2～3時間は必要である。完成した課題については，様々なグループのメンバーを交えて小グループごとに共有し，いくつかのグループには全体に向けて発表する時間を設定したい。

【参考】　福知山市は，古くからの水害常襲地であり，様々な治水対策に取り組まれてきた。例えば戦国時代には明智光秀によって築かれたとされる藪（明智藪）が現存する。堤防沿いには水害との闘いの歴史や防災の重要性を伝える施設として治水記念館（築140年の町家を改修）があり，これまでの浸水の高さを示したモニュメントも見られる。

図2　現在に教訓を伝える福知山市の水害対策施設（左：明智藪，右：治水記念館）

## 評価について（思考・判断・表現）

天気図や気象衛星画像等の気象データをもとにして，今後どのような危険が生じるかを予測し，自分たちのとるべき行動を考えられているか，提出されたレポートをもとに評価する。また，課題にどのように取り組んでいたか，授業中の発言や行動からも評価する。

# 13 中学校
## 自然の恵みと気象災害

# 高潮による災害が発生する仕組みを説明しよう

## 授業のねらい

　近年の日本の台風被害で最大の犠牲者が出た伊勢湾台風は，十分な気象観測データが公開されていない。そこで類似した台風の進路における観測データとパソコンを用いて作成したグラフをもとに，低気圧周辺に吹き込む風向分布の特徴と関連付けながら，高潮が起こる仕組みを説明できるようにする。

## 授業づくりのポイント

　映像資料などをもとに伊勢湾台風による気象災害が高潮によって起こったことを示し，高潮という現象への関心を高める。特に台風の勢力の大きさから，名古屋と同様に大阪も相当の被害があったはずであるが，実際には名古屋のみで大きな被害が発生している。台風の進行方向の右側と左側の観測地点における気象要素の変化の比較から，2つの観測地点は風向に違いがあることへの気付きを促す。第2学年の気象単元で学んだ低気圧周辺の風の吹き方の特徴と関連付けながら，高潮が起こる仕組みを説明できるようにする。

## 学習指導案 第3時(全3時間)

| 時間 | 子どもの学習活動 | 教師の指導・支援 |
|------|------------------|------------------|
| 10分 | 1　資料をもとに，台風災害の様子を考える。 | ・伊勢湾台風の資料を提示する（映像資料があるとよい）。 |

134

|  |  | ・名古屋（進路右側）では高潮が発生していたが，大阪（進路左側）では発生していないことを知る。 |  |
|---|---|---|---|

**課題** どうして名古屋（進路右側）だけで高潮が発生したのだろうか。

| 30分 | 2　1人1台端末を利用し，表計算ソフトを用いてグラフを作成する。<br>・降水量，気圧，風速の変化の様子は同じであるが，風向だけが異なる変化の仕方をしている。 | ・台風が北上し上陸したときの進路右側と左側の観測所における，気圧・降水量・風向・風速等の気象要素の時刻データを生徒に配付し，グラフを作るよう指示する。<br>・グラフから読み取ったことを発表させる。<br>・台風も低気圧の一種であることを確認し，低気圧の周辺の風向の分布の様子を復習する。<br>・どのような仕組みで高潮は起こるのかと問う。 |
|---|---|---|
| 10分 | 3　まとめをする。 | |

**まとめ** 高潮は気圧が下がることによる吸い上げ効果，海面が風に押されて盛り上がる吹き寄せ効果から起こる。

## 授業展開例

### ●導入

　導入では，被害が大きかった伊勢湾台風の映像やWebサイトの資料などをもとに，大雨や強風による気象災害の様子を紹介する。図1を利用して台風の進路がどのようなものであったか，どの都市が被害を受けそうなのかを予想する。実際は，大阪は被害が小さく，

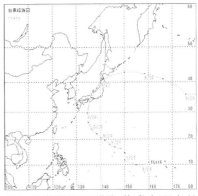

図1　伊勢湾台風の進路（気象庁Webサイトより引用・改変）

名古屋では甚大な被害が生じ，その時に高潮が発生したことを伝える。気象観測資料を用いて，高潮が発生する仕組みや台風進路の右側であった名古屋でのみ大きな災害が起こった理由を考える。

● グラフ作成

観測資料が入手しやすいため，高潮が発生した最近のケースの観測データを使う。観測地点は台風の進路の右側と左側の2地点とし，複数の気象観測要素の時刻別のグラフを作成する。図3は，2014年10月11日から12日に沖縄本島に上陸した

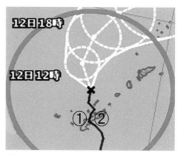

図2　実習に選んだ観測点

台風通過時の那覇（図2の①）と名護（②）の観測結果である。台風はこれら2地点の間を通過し北上しているのがわかる（図2）。グラフ化した気象要素は，降水量，気圧，風速，風向である。2つの地点における降水量，気圧，風速の変化は同様な変化をしているが，風向だけが異なる変化をしていることがわかる。

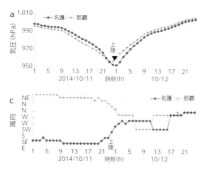

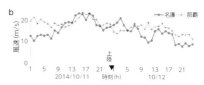

図3　沖縄県の那覇と名護における気象要素の時刻別変化

● まとめ

作成したグラフから台風接近後の夜半には台風は北上し，台風接近から通過直後までの進行方向の右側の風向は北→東→南，左側では東→北→西に変化している。なお，一般的に台風が接近してくる場合，進路によって風向きの変化が異なる。ある地点の西側または北側を，台風の中心が通過する場合，その地点では，「東→南→西」と時計回りに風向き

が変化する。逆に，ある地点の東側や南側を，台風の中心が通過する場合は「東→北→西」と反時計回りに変化する。

　名古屋港は南に開いた港であることを確認し，南寄りの風だとどうして高潮が生じるのか問う。

　さらに，高潮を引き起こす要因には気圧が低いこともあることを伝え，その理由を問う。気圧は単位面積にかかる空気の重さであることから空気の重さが小さくなれば，海面が上昇することに気付かせる。

　PCやタブレットを使ったグラフの作成が未学習の場合は別途1時間程度の指導が必要である。風向の表示には，北北東を1，北東を2…北を16のように数値で表し，グラフ化する（図4）。

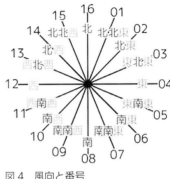

図4　風向と番号

【参考】

　近年の自然災害による死者数で最も多いのは東日本大震災の22,288人である。阪神・淡路大震災も6,437人もの死者があるが，気象災害でそれに匹敵するのが伊勢湾台風による災害である。1959年9月26日18時に929hPaの猛烈な台風15号は和歌山県の紀伊半島の南端に18時に上陸し，北北東に進んだ（図1）。予報官が初めてテレビ出演し，直接，警戒を呼びかけた。名古屋地方気象台は台風上陸が必至となったとして11時15分に暴風警報，波浪警報，高潮警報を発表した。台風は大阪と名古屋の間を通り抜けるように進み，名古屋においてのみ大災害となった。死者・行方不明者5,098人，住家被害833,965棟，浸水被害363,611棟，この台風を契機に災害対策基本法が制定され，現在に至っている。

### 評価について（知識・技能）

　低気圧の周辺の風の吹き方，気圧の意味など既習事項と関連させて高潮の仕組みを理解できたか，グラフや発表をもとに評価する。

# 14 中学校 地域の自然災害

## 「災害が多発する地域の自然の特徴について探究し,災害への対応を考えよう」

### 授業のねらい

災害につながった自然現象の発生や,大きな被害が及ぶ地域とその土地の特徴の関係などを整理し,自らの安全の状況を適切に評価する。また安全・安心な生活を送るために必要な情報を収集し,危険を回避するための適切な判断や行動を促し,情報発信をすることができるようにする。

### 授業づくりのポイント

本単元では,台風や洪水に関する資料などをもとに,地域の自然環境や自然災害について総合的に調べ,自然と人間の生活とを関連付けながら探究的な学習活動に取り組む。自然災害は,事前に準備することで被害を最小限に抑えること(減災)ができることも多いため,危険を認識し,想像できる力・自らの命を守る力を身に付けるようにする。一人一人が地域に暮らす市民として,不測の事態に備えるために,身近な地域の地形・地質などの自然環境から,今後直面し得る諸課題を題材に取り上げる。

### 学習指導案 (全5時間)

| 時程 | 学習課題(問い) | 学習内容 |
|---|---|---|
| 第1時 | 県内の草津川ではどのような災害が生じてきたのだろうか。 | 草津川での過去の外水氾濫による水害の影響 |

| 第2時 | 大雨を想定したとき，24時間以内に何が起こると思うか。そのとき，どのような対応/備えを行うべきか。 | 気象データをもとにした降雨量や河川状況等の24時間シミュレーション |
| 第3・4時 | なぜ草津川は災害を拡大しやすい天井川を形成したのか。 | 草津川の砂礫の特徴及び堆積に関する実験 |
| 第5時 | 災害リスクの高い地域にはどのような特徴があるのか。<br>私たちの地域では，どのような場所が災害リスクが高いと考えられるのだろうか。 | 身近な地域の相模川での過去の外水氾濫による水害の影響とその原因 |

## 授業展開例

### ●第1時

　過去の外水氾濫による水害例を題材とした防災学習プログラム（図1）を全5時間で実施する。教材として取り扱った草津川は源流の風化花こう岩による土砂の堆積，人間の治水対策としての浚渫で対応できなかったり，堤防が築造されたりして天井川を形成し，被害を拡大させた経緯がある。第1時では草津川周辺は過去に人的被害が生じ，災害現象が顕在化した地域であることに気付くよう促す。

### ●第2時

　第2時は「24時間シミュレーション」である。子どもたちがこれまでに経験したことのないような大雨を想定し，「この後，24時間以内に何が起こると思うか」「そのとき，どのような対応/備えを行うべきか」といった問いを投げかける。自らの意見を付箋紙に記入して，グループ交流の場面で用いる。グループ交流を通して，命を守るために重要な要素を考えながら最適解を求める。どのグループでも「大雨や洪水に伴って起こる土砂崩れや河川の決壊」などが話題に上がる。自分たちの住んでいる地域は安全なのか，疑問を抱く子どもも少なくない。

### ●第3・4時

　そこで第3時では，災害の発生メカニズムについて正しく理解するため，草津川の砂礫の特徴などに着目する。「なぜ草津川は天井川を形成

したのか」という問いを投げかける。手がかりとして，地質図や実際の草津川の砂礫を配付し，後背地の岩石を理解したり，砂礫の特徴を注意深く観察したりする。また，水を加えて保水性を定量的に調べる実験を行いながら，草津川の砂礫の特徴と洪水被害が多発する地域の接点を見いだしていく。

第4時では草津川周辺のハザードマップを見ながら，リスクの高い箇所にはどのような特徴があるのか，グループで意見交換を行う。河川周辺だけでなく，アンダーパス等の土地のもつ災害危険性についての情報を子ども自らが見いだしていくことで，その河川を取り巻く環境についての理解を深めることにつなげる。

## ●第5時

第5時では，学校周辺を流れる相模川で起こった災害について知る。相模川は，歴史的には水害・治水が繰り返され，現在も放水路建設事業が進んでいる。平成25年の台風18号襲来の際（日本初の特別警報）は，学校周辺の地域が相模川の氾濫によって被害を受けた。「自分たちもいつ被害を受けるかわからない」という危機意識につなげ，これまでの学習と関連付けながら防災意識の向上を目指す。学校周辺のハザードマップを用いて，防災リスクが高いところについて，グループ交流の場面を設けた。「なぜここはリスクが低いのか」とハザードマップを疑ってみることも，その地域の環境についての理解を深めるよいきっかけになる。

## 【参考】

第3時の実験では，草津川上流（大津市上桐生付近）の砂礫をあらかじめ教師が採取しておく。授業では，試料がどのような特徴（粒度・肌触りなど）であるか，肉眼で観察を行う。また，堆積物の粒の形・色については双眼実体顕微鏡を使って観察する。この実験を通して砂のもとの岩石（この場合は後背地の山をつくる花こう岩）を探ることができる。観察の視点は，あらかじめ子ども自身が考え，共通理解を図っておくとよい。

流域の地下水位などを考えるための保水性を調べる実験を行う。種類の異なる砂や土（例えば，園芸用土など）を紙コップに入れ，それぞれ

図1 草津川の砂礫の特徴及び性質に関する実験に取り組む様子

に同体積（20cm³）の水を加えてから薬さじでよく混ぜ合わせる。次に、それらをろうとの中に入れ、充塡した後、さらにその上から20cm³の水を流し加え、3分間放置する。ろうとから流出した水をビーカーに収集し、その水量をメスシリンダーで計測する。一般的に土の中に大きな隙間があるものは、透過性がよくなるため、土の保水性は低くなる。

### 評価について

| 知識・技能 | 思考・判断・表現 | 主体的に学習に取り組む態度 |
|---|---|---|
| 地域の自然の特徴や過去の自然災害、及び災害に対する取組について、自然の特徴と関連付けながら情報を収集し、図や文章などを用いて整理している。 | 調査結果から地域の自然災害について、地域の自然の特徴などと関連付けて多面的・総合的に考察しているとともに、探究の過程を振り返り、自然災害への関わり方も考えている。 | 身近な自然災害を自分自身の問題として捉え、防災・減災に向けて進んで調査の計画を立て、粘り強く探究しようとしている。 |

理科で自然災害を取り扱う場合も上記の評価規準に照らして、生徒の学習状況を的確に捉えた学習評価が極めて重要である。主としてグループ活動中の反応やノート、ワークシートの記述内容をもとに評価を行う。特に、「思考・判断・表現」の評価に関して、「十分満足できる（A基準）」状況と判断されるものの参考例として、以下に示す。

- ハザードマップを見て自分の住んでいる地域が安全かどうか判断するとよいと知っていたけど、いざ実際に見てみると自分が思っていたより判断するのが難しかった。でも地質図と一緒に見るとわかりやすいということがわかった。
- ハザードマップや地質図などを活かして、どの地域にどういうリスクをあるのかを理解した。実際にグループのメンバーと話し合いを重ねることで、お互いの意見を交流できて災害対策の意識が上がった。

# 15 中学校
## 自然環境の保全と科学技術の利用

# 「原子力災害等において，放射線から身を守るための判断力を身に付けよう」

## 授業のねらい

東日本大震災における東京電力福島第一原子力発電所事故（以下，1F事故）事例から，自然放射線の存在を含めた放射線についての科学的な知識，災害時に放射線からの影響を最小限にとどめるための行動が重要であることが明らかになった。

ここでは，1F事故が，平成23（2011）年東北地方太平洋沖地震による巨大津波に起因した事例を学ぶ。また，放射線の基本的な性質を理解し，原子力災害等が発生した際に，放射線から身を守るための方法について，科学的な根拠をもとに説明できるようにすることをねらいとする。

## 授業づくりのポイント

本単元は，第1分野「科学技術と人間」と第2分野「自然と人間」を関連付けて総合的に行う。学校の立地等により，取り扱うモジュールは異なる。各学校に応じた教育内容との組み合わせが可能な時間設定とした。

東日本大震災発生後，学習指導要領等には具体的な記載が少ないものの，放射線に関する正しい知識の習得は，日本の義務教育にとって不可避であることが痛感された。しかし，多くの学校は，その立地上，原発事故という想定が困難である。その場合は，一般的な放射線の科学的な理解を中心に授業づくりを行う。

一方で，原子力災害対策重点区域緊急時区域［PAZ（概ね半径5km）

142

及び UPZ（概ね半径 30 km）〕等に位置する学校では，災害時の放射線防護について，原子力災害を想定した避難訓練等の実施も踏まえることにより，学習内容にリアリティをもたせられる。

## 1 東日本大震災や1F事故について学ぶ

### 学習指導案

| 時間 | 子どもの学習活動 | 教師の指導・支援 |
|---|---|---|
| 20分 | 1 「中学生・高校生のための放射線副読本」（令和3年改訂（令和4年一部修正），文部科学省，以下「副読本」）のp.12〜14「2-1 福島第一原子力発電所の事故とその後の復興の様子」を使用し，東日本大震災や福島第一原発の事故について，各自簡潔にまとめる。 | • 一人一人が主体的に取り組めるよう，まずは個人で取り組ませる。<br>☆「放射線教育用学習教材（動画）」（福島県教育庁義務教育課）の中学校・高等学校用「放射線等についての学習資料」分割版1：地震，原発事故，未来（4分45秒）を視聴させる。 |
| 10分 | 2 個人でまとめたものをグループで共有し，他の生徒の発言からの気付きをワークシートに追加で記入する。 | • ワークシート(1)〜(4)について，副読本をもとにまとめるよう指示する。<br>(1) 福島第一原子力発電所の事故とその後の復興の様子<br>(2) 放射性物質の放出と事故後の放射線量の変化<br>(3) 住民の避難と帰還<br>(4) 健康影響調査の実施 |
| 10分 | 3 地震，津波等に起因した1F事故の概要を整理し，まとめをする。 | ☆「東日本大震災と1F事故を振り返り3.11に学ぼう」（福島県教育庁義務教育課）を配付し，説明する。 |

### 授業展開例

本指導案では40分間での学習としたが，福島県やUPZ圏内に立地するなどの実態に合わせ，震災や原発事故についての学習に組み込みながら行うことが効果的である。なお，動画や配付用の資料として福島県教育庁義務教育課のWebサイトを活用した。

■ https://www.pref.fukushima.lg.jp/site/edu/gimukyoiku29.html

## 評価について (思考・判断・表現)

地震,津波等に起因した1F事故について自分の言葉でまとめをすることができたか,ワークシートの記述をもとに評価する。

## 2 放射線の基本的な性質(放射線の遮へい)を理解する

### 学習指導案

| 時間 | 子どもの学習活動 | 教師の指導・支援 |
|---|---|---|
| 20分 | 1 いろいろな材料で放射線を遮へいする実験を行う。<br>・放射線測定器の使い方を確認する。<br>・遮へいする物を置かないときの放射線量を測定する。<br>・いろいろな材料で,遮へいしたときの放射線量を測定する。<br>・実験結果を表にまとめる。 | ・学校の実態に合わせて,実験器具を準備する。<br>・自然放射線(バックグラウンド)を測定しておく。<br>・遮へいする材料の厚さや放射線源からの距離などの条件を統一させる。<br>・放射線源は,船底塗料(添加剤)など身近にあり,健康にも影響のないものを準備し,そのことを生徒にも伝え,不安を与えないようにする。<br>・放射線量は,遮へい物の厚さや距離によって低くなることにも触れる。 |
| 10分 | 2 実験結果を発表し,全体で共有して,まとめをする。 | |

### 授業展開例

本指導案では30分間での学習としたが,学校の実態に合わせて,放射線等に関する他の学習と組み合わせて実施することが効果的である。半減期の学習とともに,1単位時間の授業としてもよい。

【参考】

図1はケニスの特性実験セットで,中央に放射線源を配置し,遮へい物を四方に配置し,放射線測定器を遮へい物から5cm離して設置できれば,同様の実験を実施することができる。

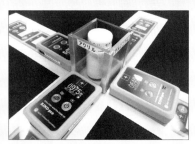

図1 遮へいの実験装置例

## 評価について（知識・技能）

　放射線の遮へいの実験を行い，遮へいする材料の違いや距離によって放射線量に変化が見られるという放射線の基本的な性質について理解しているか，実験操作の観察やワークシートの記述をもとに評価する。

## 3　原子力災害等が発生した際に，放射線から身を守るための方法を理解する

### 学習指導案

| 時間 | 子どもの学習活動 | 教師の指導・支援 |
|---|---|---|
| 5分 | 1　原子力災害の想定について教師の説明を聞く。<br>・事故の内容（想定）と避難について知る。 | ・学校の実態に合わせて，原発等の事故災害の想定をする。 |
| 15分 | 2　副読本のp.20「非常時に放射線や放射性物質から身を守る方法」を使用し，観点ごとに各自簡潔にまとめる。 | ・次の3つの観点で，副読本の文章から要点をまとめるよう指導する。<br>(1) 外部被ばくの線量を少なくするための方法<br>(2) 非常時における放射性物質に対する防護 |
| 10分 | 3　グループ内で情報共有を行った後，全体でまとめをする。 | (3) 非常時における退避や避難の考え方 |

### 授業展開例

　本指導案では30分間での学習としたが，学校の実態に合わせて取り組むべき内容である。半減期の学習と組み合わせて，1単位時間の授業としてもよい。PAZやUPZの圏内に立地する学校では，原子力災害を想定した避難訓練（引き渡し，情報伝達など）と連携して行うと効果的である。本指導案は，資料をもとにした調べ学習としているが，専門家の外部講師による講話を実施できれば，より有効な学びとなる。

### 評価について（思考・判断・表現）

　原子力災害等が発生した際に，放射線から身を守るための適切な方法を考えることができているか，ワークシートの記述をもとに評価する。

## COLUMN 03
## 発達の段階に応じた防災教育

　自身で危険を予測し，自分の命を守るための適切な判断，行動をとれるようにするために，自然災害に関する学びを充実させることは重要であるが，発達の段階に応じた取組も無視できない。

　幼稚園や小学校低学年段階では，近くに保護者や先生など大人がいれば指示に従う，友達とも協力して対応する，そのためには日常からの指導・支援が必要である。雨や風が強いときなどに，豪雨や暴風についての知識を与えておくと想像しやすくなる。また，低年齢のうちは自然の恩恵に気付くようにしておきたい。晴れた日もあれば，雨の日，風の日などもあること，恵みから少しずつ自然の二面性に気付くように導きたい。さらに災害だけでなく，便利で快適な自転車や楽しい遊び場となる遊具，可愛いと思っていた小動物なども，事故があったり突然噛みついたりという危険性を指導しておくことが必要である。

　大きな災害を経験したときなどは，少しのことに怯えたり，大人に甘えるようになったりすることがある。一方で，児童が被災地の避難所に手紙を書いて，多くの避難者の励ましとなったことも多い。

　中学生以上になると，学びを地域へ貢献することも可能である。「釜石の奇跡」と呼ばれたように，中学生が自発的に小学生を導いて高台に避難し，それを見ていた大人たちも避難したことから，想定外の津波であったにもかかわらず，多くの人が助かった事例もある。他にも，大災害の経験を教訓として地域と連携した防災活動への取組や，東日本大震災の後に，小中学生が防災の学びについてシンポジウムを行い，多くの児童生徒，教職員や保護者の防災への意識を高めた活動も見られる。日常から意識を高めておくことが災害時の適切な行動につながるのは述べるまでもない。

小中学生によるシンポジウム（福島県）

## おわりに

　本書では，まず第1章で，時代のニーズに応える理科教育として，多発する自然災害を今日取り扱うことの意義と内容，観点について示した。次に第2章で，教員として知っておいてもらいたい自然災害につながる自然現象のメカニズムを整理した。以上を踏まえ，第3章では，これからの学校での理科教育を核とした具体的な展開事例を紹介した。

　なぜ自然災害を取り扱うことが大切なのか，どのように取り扱えばよいのかを，本書では様々な視点から論じた。今日の学校現場，教職員の多忙化は述べるまでもない。激動する社会の中で次世代に必要な資質・能力の育成のため，多岐にわたる教育が求められる今，学校教育への過剰な期待には限界が見られる。しかし，防災教育を含め，教育課程に則った理科教育の実現は根本的には必要であり，それをベースにしながら，地域と連携し，他の教科や教育活動とともに連動した防災教育は，現状を踏まえて構築する必要がある。

　地震・津波，火山噴火，暴風・豪雨などは自然現象に過ぎない。そのため，自然現象を止めることは不可能に近く，防災は難しい。自然現象が災害となるのは，人間や社会が影響を与えられたときである。そこで，人間側の対応によって被害を減らすことは可能であり，減災の意義がある。ただ，それには自然現象が自然災害となるメカニズムを十分理解しておく必要があり，ここに理科教育の果たすべき役割がある。そのため，どのように理科教育で防災を展開するかを模索し，実践を積み重ねていくことが求められる。本書は一つの試みに過ぎず，自然現象を様々な視点から扱い，防災・減災につなげる必要がある。

　なお，本書の執筆者は，長年，自然災害に取り組んできた友人，さらには学部，修士・博士課程修了のゼミ生である。刊行にあたり，東洋館出版社編集部上野絵美様にはお世話になった。関係の方々に深く感謝するとともに，改めて自然災害に関する教育の充実を願う次第である。


　　　誰一人自然災害から取り残されない・取り残さない教育を願って

編著者　藤岡達也

## 編著者紹介

# 藤岡達也　Tatsuya Fujioka

滋賀大学大学院教育学研究科教授，兵庫教育大学大学院連合学校教育学研究科（博士課程）教授（併任），東北大学災害科学国際研究所客員教授，一般社団法人防災教育普及協会理事，博士（学術）

最近の主な著書：『絵でわかる日本列島の地震・噴火・異常気象』（講談社，2018）『絵でわかる日本列島の地形・地質・岩石』（講談社，2019）『今、先生ほど魅力的な仕事はない！』（編著，協同出版，2020）『SDGsと防災教育』（大修館書店，2021）『知識とスキルがアップする 小学校教員と教育学部生のための理科授業の理論と実践』（編著，講談社，2021）『一億人のSDGsと環境問題』（講談社，2022）『よくわかるSTEAM教育の基礎と実例』（編著，講談社，2022）

## 執筆者一覧　※所属は2024年8月現在。執筆順。

| 藤岡達也 | 前掲 | 第1章（4と6を除く）・第2章（2と3を除く）・第3章11・コラム1～3 |
|---|---|---|
| 大辻　永 | 東洋大学理工学部教授 | 第1章4 |
| 佐藤真太郎 | 京都ノートルダム女子大学現代人間学部講師 | 第1章6・第2章2・第3章10 |
| 榊原保志 | 信州大学教育学部特任教授・公益財団法人CIESF（シーセフ）理事 | 第2章3・第3章13 |
| 松本一郎 | 島根大学学術研究院教育学系教授 | 第3章冒頭 |
| 堀　道雄 | 滋賀県守山市立河西小学校教諭 | 第3章1 |
| 川真田早苗 | 北陸学院大学教育学部教授 | 第3章2・4・7 |
| 桑原康一 | 滋賀県立琵琶湖博物館主査 | 第3章3 |
| 白木克郎 | 南山大学附属小学校教諭 | 第3章5 |
| 齋藤由美子 | 宮城県仙台市立榴岡小学校教諭 | 第3章6 |
| 鳴川哲也 | 福島大学人間発達文化学類准教授 | 第3章8 |
| 秀熊宏弥 | 滋賀県甲賀市立甲賀中学校教諭 | 第3章9 |
| 酒井直人 | 京都府福知山市立南陵中学校教諭 | 第3章12 |
| 原田雅史 | 滋賀大学教育学部附属中学校教諭 | 第3章14 |
| 阿部洋己 | 福島県福島市立松陵中学校校長 | 第3章15 |

# 理科で考える自然災害

2024（令和6）年9月6日　初版第1刷発行

編著者　藤岡達也

発行者　錦織圭之介

発行所　株式会社東洋館出版社

〒101-0054　東京都千代田区神田錦町2丁目9番1号
コンフォール安田ビル2階
代　表　TEL：03-6778-4343　FAX：03-5281-8091
営業部　TEL：03-6778-7278　FAX：03-5281-8092
振替　00180-7-96823
URL　https://www.toyokan.co.jp

［装丁・本文デザイン］中濱健治
［印刷・製本］藤原印刷株式会社

ISBN978-4-491-05564-0　　Printed in Japan